# 新しいNISA投資の思考法

柴山和久
ウェルスナビCEO

お金の悩みから解放される
正しい「長期・積立・分散」のはじめ方

ダイヤモンド社

# はじめに

## 「自分は世の中から必要とされていないのではどん底の経験から得たこと」

２０１０年の夏、私は妻と、東京・四谷三丁目のスターバックスにいました。当時の私は、フランスのビジネススクールを卒業し、帰国して仕事を探していました。

家庭を優先するために財務省を退職した後、ビジネススクールを卒業すれば仕事が見つかるだろう、と考えていました。しかし、現実は思っていたよりも厳しく、応募しては、書類選考や面接で落ち続ける日々を過ごしていました。

夫婦ともに節約志向だったため、ビジネススクールに入る前には、財務省時代の年収の2年分ぐらいのお金を貯めていました。しかし、留学に相当のお金がかかったうえに、帰国してからも仕事が見つからない状況が続いています。そのため、貯金はどんどん減っていました。

経済的に追い詰められていく中でも、妻と二人でスターバックスに毎日のように通っていました。そして、1杯のドリップコーヒーを頼んで、夫婦でシェアして飲んでいました。

なぜ一人1杯のコーヒーを買う余裕がないのにスターバックスに通っていたかというと、世界中に店舗のあるスターバックスの店内に入ると、世界とつながっている感覚になれたからです。当時、ときどき面接に呼ばれるぐらいしか行くところのなかった私にとって、世界とつながっている感覚を保つことが、とても重要でした。

いつものように、妻と窓際のカウンター席に並んで座り、ドリップコーヒーを分け合って飲んでいたときのことです。窓の向こう側で、**ベビーカーに乗せられた犬が、飼い主からマンゴーフラペチーノを食べさせてもらっている様子**が見えました。

その光景を見て、私は衝撃を受けました。無職でお金もなく、1杯のコーヒーを二人で分け合っている自分と、マンゴーフラペチーノを食べさせてもらっている犬と、**どちらが**

**世の中から必要とされているのか**、考えてしまったのです。「不採用通知ばかり受け取って、誰からも必要とされていない自分は、犬以下なのではないか」。そのような思いを抱きました。

しかし、あとから振り返ってみると、自分は犬以下だと感じたこのときの経験は、私にとってむしろ大きな心の支えとなっています。「この先、どんなことがあっても、あのときほど惨めな思いをすることはないはずだ」。どん底とも言える経験をしたからこそ、そのように考えられるようになりました。

その5年後、私は自分で会社を立ち上げることになりますが、スターバックスでの出来事があったからこそ、リスクを取って起業することができたと思っています。

## 実感した日米の金融格差

スターバックス事件の翌月、私はコンサルティング会社のマッキンゼー・アンド・カンパニーから内定を得ることができました。そのとき、**夫婦の貯金は、8万円まで減っていました。** 経済的にもどん底に近づいており、間一髪のタイミングで就職することができました。

マッキンゼーではさまざまなプロジェクトにかかわりました。その中でも、ニューヨーク・オフィスで、10兆円規模の資産運用を行う機関投資家のサポートをした経験が、いまにつながっています。マッキンゼーでの仕事で得た気づきは、「資産が多いか少ないかにかかわらず、資産運用では同じアルゴリズム（数式）が使える」ということでした。

そして、同じ時期に実感したのが、日米における個人の金融格差です。当時、アメリカ人の妻の両親から、「自分たちの資産運用の中身も見てほしい」と頼まれ、見せてもらいました。

出てきたのは、**数億円の残高が記された、プライベート・バンクの運用報告書**でした。プライベート・バンクは、数億円以上の資産を持っている人しか利用できない、富裕層向けの金融機関です。妻の両親は、普通の会社員夫婦です。近所の安いスーパーで買い物をして、外食もほとんどせず、車も普通の日本車に乗っていました。質素な暮らしぶりから、プライベート・バンクに資産を預けているとは、まったく想像していませんでした。

なぜ、普通の生活をしている妻の両親が、多くの資産を築くことができたのか。その**答えは、若いときから資産運用をコツコツと続けてきたこと**にありました。妻の両親に特別な金融知識があったわけではありません。また、もともと豊かだったわけではなく、学生の時は、就職のための面接で着るスーツを買うお金がなく、借金をしたそうです。しかし、就職後に職場の福利厚生で、富裕層向けのおまかせの資産運用が利用でき、20年以上をかけて資産を築いたということでした。プライベートバンクから見れば、将来の顧客を青田買いできたことになり、企業にとっては従業員の福利厚生になり、まさに「三方良し」です。

運用報告書を見ながら、日本人の自分の両親のことが頭に浮かびました。私の両親は、妻の両親と同じような年齢、学歴、職歴ですが、持っている資産の額には10倍ほどの開きがありました。私の両親も、退職金で住宅ローンを完済し、年金を受け取れるので、日本の中では恵まれた層に入ると思いますが、バブル崩壊以降は基本的に預貯金だけで資産を持っていました。**資産運用を行ってきたかどうかだけで、日米の両親の間には、10倍もの金融格差が生まれた**ことになります。

もしも、日本人の両親も、プライベート・バンクが提供するような富裕層向けの資産運用を行っていたとしたら。そして、両親のように、日本で普通に働いている人たちが使える資産運用サービスが普及していたとしたら。日本全体は、10倍とまでは言わないまでもいまよりももっと豊かになっていたのではないか。そのような考えを持つようになりました。

## 誰もが資産運用を行える時代に

2015年春、私はマッキンゼーを退職し、プログラミング学校に通いました。「日本で誰もが使える資産運用サービスを作りたい、そのためにはテクノロジーの活用が欠かせない」と考え、起業することを決意しました。まずは自分でプログラミングを学び、オンラインで使える資産運用サービスの原型を作ろうと考えたのです。

実は、起業したいと思ったことはその直前まで一度もありませんでした。財務省を退職後に留学したビジネススクールは、起業家を輩出することで有名でしたが、起業のための授業を私はほとんど取っていませんでした。自分には縁がないと思っていたからです。

また、起業に不安も感じました。起業のリスクは大きく、多くの場合、3年以内に倒産します。起業に迷っていたときに思い出したのが、あのスターバックスでの出来事です。「たとえ失敗しても、あのときに戻ってやり直すだけだ」と思い、日本社会に必要なサービスを立ち上げる決意を固められたのです。私の妻も「うまくいくかどうかはわからないけれど、日本の未来のために、あなたがやるべきだ」と強く背中を押してくれました。

4年半勤めたマッキンゼーを退職し、プログラミング学校に通った5週間、毎日、朝から晩までコードを書き続けて、ようやくサービスの原型を完成させました。**退路を断ってまったく経験のなかったプログラミングを学んだ5週間は、これまでの人生で最も過酷だったと言えます。**ただ、作り上げたサービスをもとに、会社の資金や仲間を集めることができました。その後、2016年7月に、自動でおまかせの資産運用サービス「ウェルスナビ」を正式にリリースしました。

ウェルスナビは、リリースから7年ほどで、20代から50代の働く世代を中心に、37万人を超える方々に使われるサービスに成長しました。[*1] お預かりしている資産は1兆円近くになっています。[*2] 多くの人の支えがあり、サービスが急成長したことを実感する一方で、日本で資産運用を広げていくことの難しさも、同時に実感しています。

## 一人でも多くの人が資産運用に成功するために、NISAは有効な手段

日本では、長期投資の成功体験が共有されておらず、「投資は怖い」と感じている人が多いと思います。一方で、数年前に「老後2000万円問題」が大きく注目されたことをきっかけに、資産運用への興味を持つ人が増えたのではないでしょうか。

実際に、この数年で、投資に関する情報は世の中に増えたように感じます。YouTubeの動画が人気を集めたり、投資の方法をわかりやすく解説する本がベストセラーになったりしています。

注意しなければならないのは、**投資に「絶対」や、わかりやすい正解はない**ということです。また、投資で見返りを得るにはリスクが付き物です。しかし、投資に関する情報の中には、シンプルでわかりやすい表現を追求するあまり、リスクの存在が隠されていたり、見えにくくなっていることがあります。そのことに気づかず、高すぎるリスクを取ってしまい、投資に失敗する事例も繰り返し起きています。

それでは、より多くの人が、投資を成功させるにはどうすればよいのでしょうか。この本では、私自身の経験や、ウェルスナビの利用者の方の行動データなどをもとに、長期の資産運用を成功させる確率を上げるために大切となる考え方をお伝えします。

資産運用に取り組むうえで、大いに活用できる手段の一つが、NISA（ニーサ）です。2024年から大きく拡充され、多くの人にとって使いやすい制度になるNISAについて、この本で詳しく解説します。

＊1　2023年6月末時点
＊2　2023年11月6日に預かり資産が9500億円に到達

## この本で伝えたいこと

この本は特に、次のような人にとって、役立つものとなっています。

・資産運用の経験がない人
・「投資はリスクがあるので怖い、できればやりたくない」と思っているが、老後の生活が気になり始めている人
・資産運用を始めてみたものの、このまま続けられるのか不安に思っている人

章ごとに、お伝えしたいことのポイントや難易度を冒頭に示していますので、興味のある章から読んでいただいても構いません。

全体を通して、この本でお伝えすることは、次の通りです。

まず、**なぜ資産運用が必要なのか**、背景がしっかりわかります。「老後2000万円問

題」とは何だったのか、いまの日本はどのような状況なのか、振り返ります。日本では、老後の生活資金をすべて退職金や年金に頼っていられる状況ではなくなっています。豊かな老後に向けて働きながらの資産運用が大切な時代になっていることを、説明します。

次に、**ＮＩＳＡとはどのような制度なのか、どう使えばよいのか**がわかります。本来、投資で利益を得ると税金がかかるのですが、ＮＩＳＡはこの税金がかからなくなる仕組みです。より多くの人が資産運用に取り組めるように、国が用意した制度です。

ＮＩＳＡは複雑な制度ですが、メリットを理解して使いこなすことは、資産を築くうえで大きなプラスになります。特に、２０２４年から始まる新しいＮＩＳＡは、一人ひとりが自分のペースに合わせて、自由に使える制度です。制度の仕組みだけではなく、具体的な使い方の例も紹介します。

三つ目に、**資産運用の成功確率を上げる方法「長期・積立・分散」とは何なのか**がわかります。投資には必ずリスクが伴いますが、世界の富裕層が実践している王道の方法で、長期的にリスクを抑えて資産を増やすことを目指せます。正しい資産運用を知ることで、

「投資は怖い」というイメージが変わるはずです。

四つ目に、**人が資産運用で失敗しやすいパターン**がわかります。そもそも、人間の脳は資産運用に向いていません。そのため、直感に従って行動することで、失敗する可能性が高まってしまいます。具体的にはどのような状況で失敗しやすいのか、説明します。

最後に、**お金の本質**について考えます。「長期・積立・分散」の資産運用やＮＩＳＡは、あくまで、人生における一つの手段です。**長い時間をかけてお金と向き合うことで、何が得られるのか**。読者の方とともに考えるきっかけになればと思います。

この本が一人でも多くの人にとって、ご自身のお金の悩みを解消し、豊かな人生を前に進めるきっかけになることを、心から願っています。

## この本の読み方

この本は、ＮＩＳＡをきっかけに投資に初めて挑戦する読者でも読みやすいつくりにしています。

各章の冒頭に「内容の難易度」を星マークで記載していますので、読む際の参考にしていただければ幸いです。なお、難易度は次の通りに分類しています。

★☆☆（星１）：平易な内容。投資の知識がなくても読むことができます

★★☆（星２）：標準的な内容。一般的なビジネスの知識があれば読むことができます

★★★（星３）：やや難しい内容。投資に必要な知識などが出てきます。しかし、事前に投資の知識が必要なのではなく、あくまでこのパートで知識を身につけるとお考えください

難易度に加えて、各章の冒頭には短く「ポイント」を記載しています。本文に入る前の導入としてこちらも参考にしてください。

前著『元財務官僚が5つの失敗をしてたどり着いた これからの投資の思考法』（ダイヤモンド社、2018年）を読んでくださった方は、本書の内容に、前著と重複している箇所があることに気づくはずです。

約5年前に前著を出版してからも、ほぼ毎月、ウェルスナビの資産運用セミナーで講師としてお話してきました。その中で、たくさんのご質問をいただいたり、参加者アンケートへのコメントに目を通したりしながら、よりよい説明を目指して試行錯誤を続けてきました。

毎回のセミナーでは、前著での説明をもう一歩進めたり、別の角度からの説明をいくつも追加したりしてきました。その中には、ウェルスナビで「長期・積立・分散」の資産運用に取り組んでいる約37万人の方々のデータを分析することで見えてきた、投資の知恵もたくさんあります。それらが本書のベースとなっています。

同時に、前著で説明した内容のうち、何度も繰り返し説明することで、「長期・積立・分散」の資産運用に対する理解がより深まっていく箇所があることにも気づきました。エッセンスとも呼べる部分については、読者の皆様の理解の手助けとなるよう、あえて前著と同じ説明を繰り返しています。

その結果、「長期・積立・分散」の資産運用において大切な考え方を、本書一冊にほぼ集約することができました。ただし、この考え方にたどり着く前に経験した、私自身の投資の5つの失敗を知りたい方は、『これからの投資の思考法』もぜひお読みください。

※本文中の図表にて、出典の記載がないものは、ウェルスナビ株式会社が作成したものです。

目次

はじめに——1

序章

# 老後2000万円問題とは何だったのか——27

序章のポイント——28

**2000万円の資産が必要？ 炎上した「老後2000万円問題」——29**

**「2000万円問題」のモデルケースからわかること——30**

**取り崩せる金融資産がない場合には、どうすればよいのか——35**

- ①支出を減らす——35
- ②収入を増やす——38
- 2000万円問題以降の高齢世帯のデータから読み解けること——39
- 「働き続ける」、「リタイアする」2つの選択肢を持つことが重要——42
- 収入を増やす方法は、働き続けることだけではない——43

第1章

# なぜ、誰もが資産運用を行ったほうがよい時代になったのか


なぜ、誰もが資産運用を行ったほうがよい時代になったのか——45

第1章のポイント——46

日本社会の構造は大きく変わっている
「国と会社が老後の面倒を見てくれる」という神話の崩壊——47
■「終身雇用は維持できない」発言の衝撃——47
■老後の生活資金を、すべて国や会社に期待するのは現実的ではない——49
■人生100年時代、お金の寿命も伸ばすことが必要に——52
誰もが資産運用を行う時代は来るのか——53
■2000万円問題以降も、預貯金は増え続けている——53
新型コロナウイルスの影響はどうだったのか——56
NISAを活用して資産運用を行う人は増加——58
物価上昇により、預貯金の価値が減っていく可能性がある——61
■実は、これまでも物価は少しずつ上がっていた——61
新しいNISAが、働く世代の大きな後押しになる——64
コラム「年金制度は破綻するから保険料を払わないほうが得」という話は本当なのか——67

第2章

新しいＮＩＳＡは誰のための制度？——69

第２章のポイント——70

**そもそもＮＩＳＡのメリットとは**——71

■本来、投資で得た利益には、約20％の税金がかかる——72

■ＮＩＳＡでは、投資で得た利益に税金がかからない——74

**新しいＮＩＳＡは、一人ひとりのペースで利用できる、優しい制度**——76

**新しいＮＩＳＡ、三つの特長**——79

■新ＮＩＳＡの特長①一つしか選べなかった「一般ＮＩＳＡ」と「つみたてＮＩＳＡ」の両方を使える——79

■新ＮＩＳＡの特長②投資できる金額が大きく増える——81

■新ＮＩＳＡの特長③制度の利用期限がなくなることで、いつでも好きなように使える——86

■従来のＮＩＳＡの意外な落とし穴
一定の期間が経った後の利益には課税される——91

## 新しいＮＩＳＡをどう活用するか　想定される使い方の例——96


■【シンプルなケース１】５年で１８００万円の非課税枠をすべて埋める最短プラン——96
■【シンプルなケース２】50年かけて１８００万円を埋めるプラン——97
■ケース１（28歳男性・Ｈさん）——99
■ケース２（42歳女性・Ｔさん）——102
■ケース３（38歳女性・Ｓさん）——104
■ケース４（45歳男性・Ｍさん）——108
■ケース５（56歳女性・Ｉさん）——110
コラム　非課税枠を１８００万円に拡大することに、政府内で反対意見があった理由——114
コラム　よく聞くｉＤｅＣｏとの違いは——116

# 第3章

# 資産運用の王道「長期・積立・分散」とは——119

第3章のポイント——120
時間と世界経済を味方につける——121
長期の資産運用は、10年以上続けられるかどうかがポイント——124
分散投資でリスクを抑え、金融危機を乗り越える——127
積立投資でさらにリスクを抑える——129
「長期・積立・分散」の100兆円規模での実践例——133
「長期・積立・分散」の実践には、NISAを活用できる——139
コラム　あるべき資産運用の全体像とは——コアとサテライト——140
コラム　積立の重要性に気づいたきっかけ——143

## 第4章

# 「長期・積立・分散」を実践するためのポイント——147

第4章のポイント——148
**一括と積立、迷ったらどっちがいい？——149**
・積立投資でリスクを抑えられる——149
・積立投資が高いリターンを得られるとは限らない——151
・本質的な問いは積立投資と一括投資でどちらが続くか——153
・株式だけに集中投資するべきではない理由——155
・分散投資は時代とともに進化してきた——160
**世界中への分散投資で、為替の影響を抑えられる——167**
コラム 「長期・積立・分散」を続けるうえで重要なリバランスとは——172
コラム 米国株だけに投資してもよい？——175

第5章

# どうして、わかっていても「長期・積立・分散」を続けられないのか

―― 179

**第5章のポイント** ―― 180

**日本には、「長期・積立・分散」の成功体験がない** ―― 181

- 日本では短期売買を繰り返さないと儲からなかった ―― 182

**人が資産運用を諦めてしまいやすいタイミング** ―― 187

- 第一の罠：資産運用を始めたばかりの時期は一喜一憂してしまう ―― 187
- 第二の罠：繰り返し訪れる金融危機で、積み上げてきたリターンが急に減ったタイミング ―― 195
- 第三の罠：急減したリターンが回復すると、それ以上続けられなくなってしまう ―― 198

**人間の脳は資産運用に向いていない** ―― 205

- 長期投資で重要なリバランスの考え方を理解できても、実行は難しい ―― 207
- たとえ結果がわかっていても、合理的に行動するのは難しい ―― 209

混同されやすい投資・投機・ギャンブルの違い――211
■ギャンブルは、元本の残りを一部の人に配る仕組み――212
■投機は、元本を取り合う仕組み――214
■投資は、元本をみんなで増やしていく仕組み――216
コラム 投資に「絶対」はない――トラブルに注意――219

# 第6章 それでも、資産運用を続けたほうがいい理由

――223
第6章のポイント――224
世界経済は成長を続けていく――225
■r＞g：資本のリターンは経済成長率を上回る――225
■本質的な問いは、世界経済が成長し続けるかどうか――230
コラム 友人が高リスクの金融商品を購入しようとしていたら――238

# 第7章

# 実際にNISAを始めてみよう——241


**第7章のポイント**——242

**NISA口座での資産運用の方針を決める**——243

**利用者から見える新しいNISA制度のジレンマ**——244

**「つみたて投資枠」と「成長投資枠」をうまく組み合わせる**——247

■①「つみたて投資枠」で株式の投資信託を「成長投資枠」では株式、債券、金、不動産などの投資信託を幅広く購入する——249

■②ロボアドバイザーのように、「つみたて投資枠」と「成長投資枠」を組み合わせ、株式、債券、金、不動産などの投資信託に幅広く自動で投資するサービスを活用する——252

■③「つみたて投資枠」と「成長投資枠」の両方で、株式や債券、不動産などに幅広く分散して投資するバランス型投資信託を購入する——254

**新しいNISAで長期的な資産運用を成功させるために**——257

**ライフステージが進むにつれ、株式の比率を下げてリスクも下げる**——261

■①「つみたて投資枠」で株式の投資信託を、「成長投資枠」では株式、債券、金、不動産などの投資信託を幅広く購入する場合――262
■②ロボアドバイザーのように、「つみたて投資枠」と「成長投資枠」を組み合わせ、株式、債券、金、不動産などの投資信託に幅広く自動で投資するサービスを活用する場合――263
■③「つみたて投資枠」と「成長投資枠」の両方で、株式や債券、不動産などに幅広く分散して投資するバランス型投資信託を購入する場合――264
「株式だけに投資しておけばいい」という意見が日本で主流になっている理由――266
**NISA口座を開く金融機関を選ぶ**――270
**従来のNISAは、新しいNISAに置き換わらず、そのまま残る**――273
コラム　使う時期が来たら、取り崩しながら資産運用を続ける――275
コラム　ロボアドバイザーのよくある誤解――278

第8章
お金の悩みから解放されることで、充実した人生を —— 285
第8章のポイント —— 286
長い時間をかけると、複利効果が得られる —— 287
一生使えるＮＩＳＡは若いうちに始めたほうが得、一方で自分への投資も重要 —— 289
ある程度のお金があれば、選択肢が広がる —— 293
お金の悩みから解放された後に、何をするか —— 295
おわりに —— 300
謝辞 —— 304

序章

# 老後2000万円問題とは何だったのか

## 序章のポイント

### 難易度2 ★★☆

- 老後２０００万円問題は、「老後に２０００万円が不足する」という部分が注目を集めました。
- しかし、実際には、２０００万円は現在の高齢世帯が主に退職金によって築いた資産の平均値を示したものでした。現在の高齢世帯は、老後の生活で取り崩せる資産を保有していて、毎月の収支を補っていると指摘した報告書が、誤解されたことにより炎上することになりました。
- 報告書が指摘した通り、老後の生活で自由な選択をするためには、お金はあるほうがよいと言えます。好きな仕事を続ける、仕事はリタイアして趣味に時間を費やすなど、理想とする老後の生活を送るために、老後資金を用意することは大切です。

## 2000万円の資産が必要？
## 炎上した「老後2000万円問題」

2019年6月、「老後2000万円問題」という言葉が大きな話題となりました。

ことの発端は、2019年6月に日本政府が「高齢社会における資産形成・管理」という報告書を公表したことにありました。この一見すると無味乾燥な、世間の話題になりそうもない報告書が、炎上することとなりました。

報告書では、統計データをもとに、次のモデルケースが示されました。

・平均的な退職世帯では、毎月5万円の赤字が発生している
・5万円の赤字は、自分たちで用意した金融資産で補っている
・赤字が毎月発生すると、老後の30年で、約2000万円の資産が必要になる

この、「約2000万円の資産が必要になる」という部分が、大きな注目を集めました。

新聞で大きく報道されたことをきっかけに、「**老後資金が2000万円不足する**」というセンセーショナルな話となって広まったのです。

「老後2000万円問題」という言葉が一人歩きし、政府は大きな批判を浴びることとなりました。麻生太郎金融担当大臣（当時）がこの報告書を「受け取らない」ことを表明したため、「老後2000万円問題」報告書は、政府のウェブサイトからダウンロードできるものの、政府の正式な報告書とは位置づけられていません。

## 「2000万円問題」のモデルケースからわかること

「老後2000万円問題」は何を伝えたかったのか、改めて考えてみましょう。

実は、2000万円という数字の意味は、多くの場合、誤解されて伝わっていました。重要な点は、2000万円とは、あくまで、現在の退職世帯が取り崩している金融資産の平均額だということです。

**平均的な退職世帯では、収入より支出が 5.5 万円多い**

高齢の無職世帯（夫 65 歳以上・妻 60 歳以上）の毎月の収支の平均（2017 年）

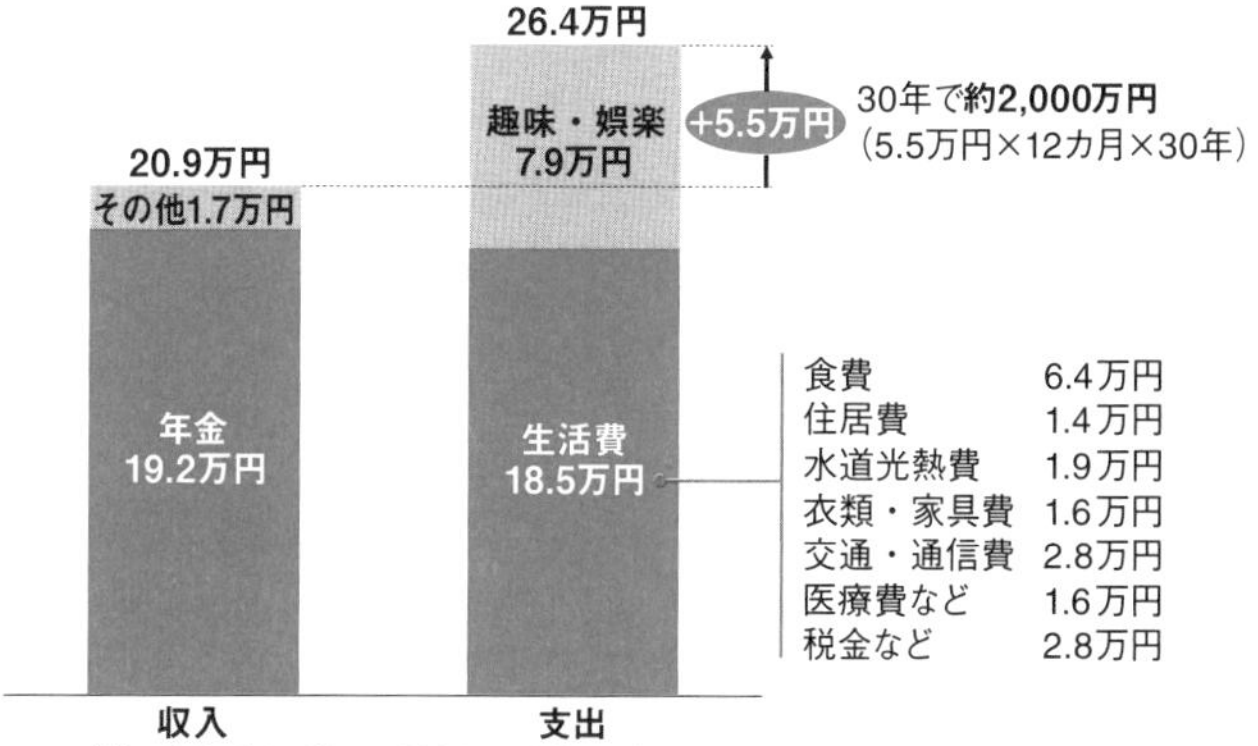


（注）　収入の「その他」には、財産収入や事業・内職収入を含む
（注）　支出の「趣味・娯楽」には、教養娯楽サービスにかかる費用、書籍代、こづかい、交際費などを含む
（出典）　総務省「家計調査」（2017 年）をもとに作成

サンプルとして示された退職世帯の家計をよく見ると、わかることが三つあります。

**①収入のほとんどは年金によって得ている**

収入の9割以上を年金が占めています。退職して年金で生活している世帯の平均値ですので、当然と言えば当然ですが、収入のほとんどを年金に頼った形になっています。

**②毎月の支出が、収入よりも5・5万円多い**

毎月の収入が20・9万円に対して、支出が26・4万円と、5・5万円の不足が発生しています。この平均して月5・5万円の不足額を30年分積み重ねたものが、「2000万円」という数字です（5・5万円×12カ月×30年）。

**③生活費以外の費用として、毎月8万円を支出している**

食費や水道光熱費といった生活に最低限必要な費用以外に、趣味・娯楽として月平均で約8万円が支出されています。趣味などに使うお金を削減すれば、生活に必要な費用は、年金だけでもまかなえる計算になります。

## 高齢世帯はどのように生活しているのか

退職した高齢世帯は、平均して月5・5万円の赤字をどのように補っているのでしょうか。すでに退職している場合は、借金をすることは難しいと考えられます。

**答えは、主に退職金によって築かれた金融資産にあります。**世帯主が65~69歳の世帯の金融資産の平均値は、2014年では2250万円、19年では1851万円でした。このため、「老後2000万円問題」報告書の調査対象である2017年時点では、平均で約2000万円の金融資産を保有していたと推測されます。そして、大卒者の退職金の平均は2018年で1788万円でしたので、金融資産の大部分が退職金から来ていると考えられます。

日本は長く終身雇用を前提とした働き方が続いてきました。特に大企業に勤めていた方であれば、多くの退職金を得ることができました。高齢世帯は、退職金を少しずつ取り崩しながら、毎月の支出に当てているのではないでしょうか。

したがって、65歳から95歳までの**30年で2000万円を取り崩すようなペースで生活できるのは、すでに2000万円を超える金融資産を築いているから**だとわかります。言い換えると、老後の収入を年金に頼っている65歳以上の世帯は、30年で平均約2000万円を取り崩せるほどの資産をすでに持っている、ということです。

「老後2000万円問題」報告書で示されたデータから読み解けることとは、実は、老後資金が不足していることではありませんでした。むしろ、高齢世帯は、退職金と年金によって老後の生活が成り立っていることを示していました。老後に取り崩せるお金として、退職金などで2000万円ほどの金融資産があり、それと年金を合わせて、老後の生活資金にしているということだったのです。

もしも、持っている金融資産の額が、半分の1000万円だったとしたら、毎月取り

## 退職世帯は、平均約2,000万円の金融資産を保有している

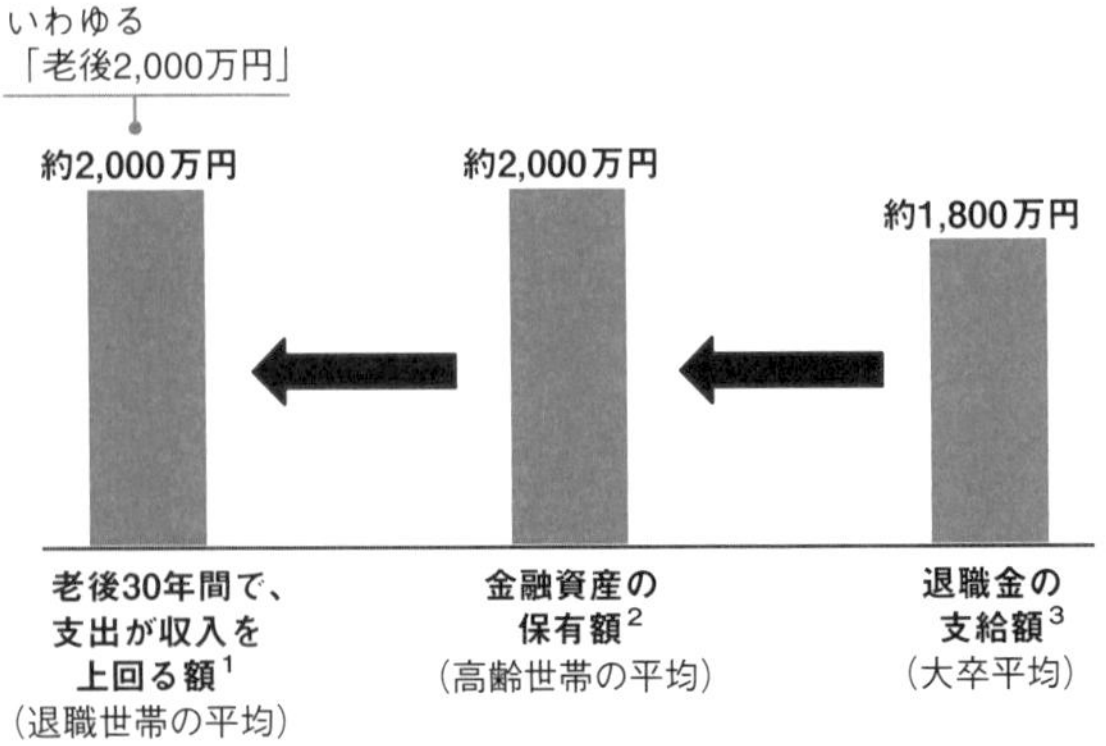


（出典）　総務省「家計調査（二人以上世帯）」、総務省「2019年全国家計構造調査・平成26年全国消費実態調査」、厚生労働省「就労条件総合調査」より作成

1　夫が65歳以上・妻60歳以上の無職世帯の収入の平均額（月26.4万円）と支出の平均額（月20.9万円）の差額（月5.5万円）をベースに試算（2017年時点）

2　世帯主が65歳～69歳の二人以上世帯の金融資産残高（2014年時点で2175万円、2019年時点で1952万円）の平均値として試算

3　大卒者の退職金の平均値（2017年）

崩せるお金は5・5万円の半分の2・7万円となり、「老後2000万円問題」ではなく、「老後1000万円問題」となっていたはずです。逆に、老後に取り崩せるお金が4000万円だったとしたら、毎月の年金収入に加えて、11万円を使えることになります。この場合は、「老後4000万円問題」となっていたかもしれません（実際、日本よりも豊かなアメリカでは、老後資金はより多く必要と言われています。逆に、日本より平均所得が低い国では、老後資金も少なくて済みます）。

つまり、**社会が豊かであり、高齢世帯が保有する金融資産の額が大きいほど、老後に毎月取り崩せる額も大きく**なります。老後2000万円問題の2000万円という

金額は、老後に向けて築くべき資産の目安を示していると同時に、社会の豊かさを示していると言えます。

しかし、ここまで読まれて気づいた方も多いと思いますが、退職金の額が少なかったり、そもそも退職金がなかったりする場合は、老後に取り崩せる資金を用意できないということになります。そのような場合は、どうすればよいのでしょうか。

## 取り崩せる金融資産がない場合には、どうすればよいのか

### ①支出を減らす

2000万円もの資産がなく、老後に平均月5・5万円ものお金を取り崩すことが難しい場合は、収入に合わせて支出を減らす必要があります。統計上は、毎月の支出を平均で約5・5万円減らせば、収入と支出の水準が合うことになります。

## 毎月の支出を5.5万円減らす例

生活費を4％減らし、趣味・娯楽の支出を60％減らすと、全体で月5.5万円削減できる

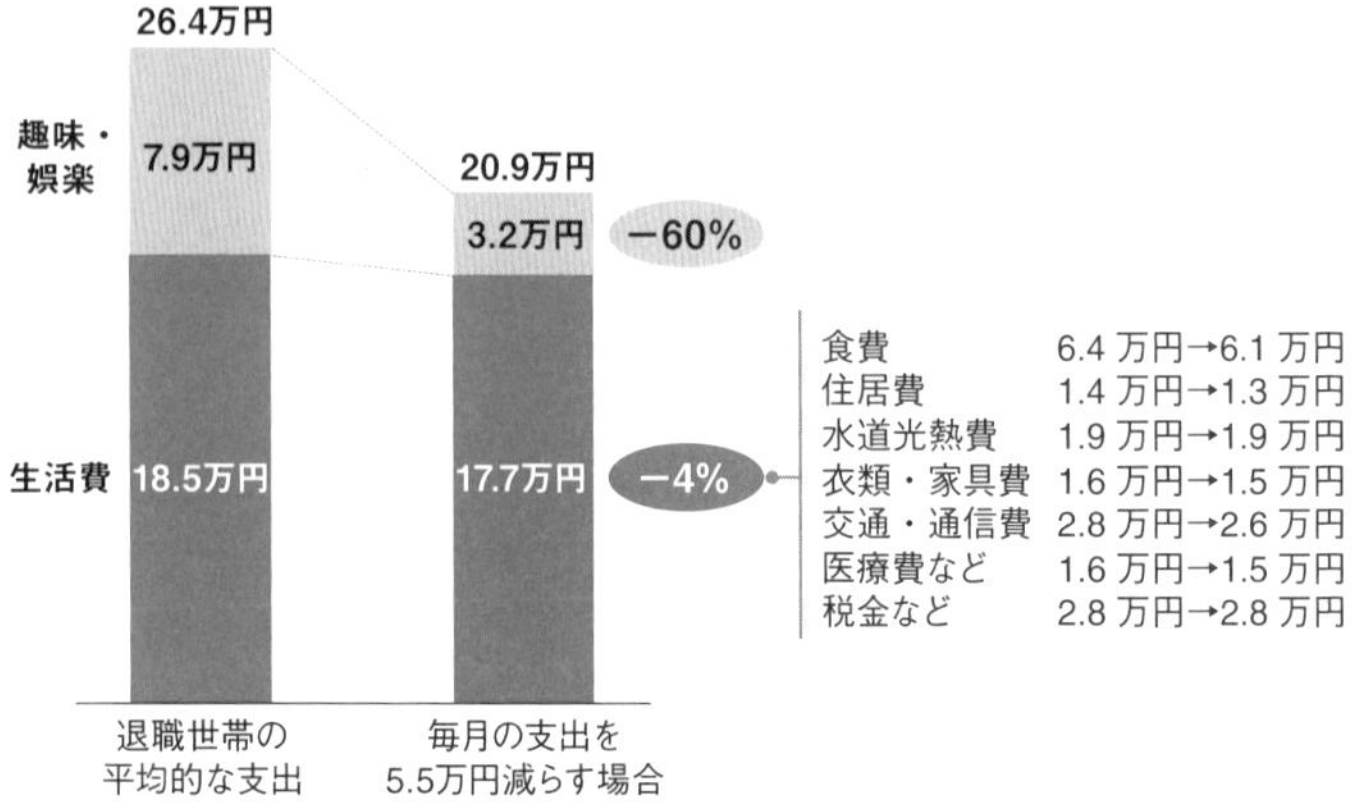


（出典） 総務省「家計調査」（2017年）をもとに作成

具体的な方法を考えてみましょう。まず、食費や住居費、医療費などの生活費を減らすことは非常に難しく、平均で4～5％減らすのが限界でしょう。一方で、趣味や娯楽の支出を削っても生活自体は可能です。そこで、趣味・娯楽の費用を6割ほど減らして、他の生活費も4％程度減らすことができれば、平均で月5・5万円を節約できます。

趣味・娯楽の費用であれば、たとえば、宿泊費がかかるような旅行はできるだけ控える、読書が趣味の方であれば本は買わずに図書館で借りる、月謝がかかる習い事をやめる、といった手段が考えられます。生活費でも、食費であれば、外食を控えて自炊する、服はできるだけ新しいものを買わな

い、格安スマホに替えて通信費を削減する、といった手段が考えられます。趣味・娯楽の費用の場合、平均で月7・9万円の支出を、3・2万円程度まで減らす計算になります。食費の場合、平均で約6・4万円の支出を4％減らすと、6・1万円になります。

「老後2000万円問題」報告書で示されたモデルケースはあくまで平均値のため、人によっては「食費はこんなに使わない」「住居費はもっとかかっている」という印象を持たれる場合もあると思います。お金の使い方は人それぞれですが、ここではわかりやすくするために、平均値をもとにした事例を説明しました。

いずれにしても、年金による収入だけで生活費をまかなう場合には、平均と比較して支出を減らす工夫が必要となります。そして、現実的に大きな違いをもたらすのは、「趣味や娯楽にいくら使えるのか」です。もしも、**老後の生活で楽しみにしている趣味などがあって、そのための支出を減らしたくないという場合には、資金を準備しておいたほうがよい**と言えます。また、反対に言えば、十分な退職金を得ている人は、退職金があるからこそ、外食をしたり海外旅行をしたりといった、毎月の収入の水準を上回る支出ができることになります。

## 65～69歳の半数以上が働く時代になった

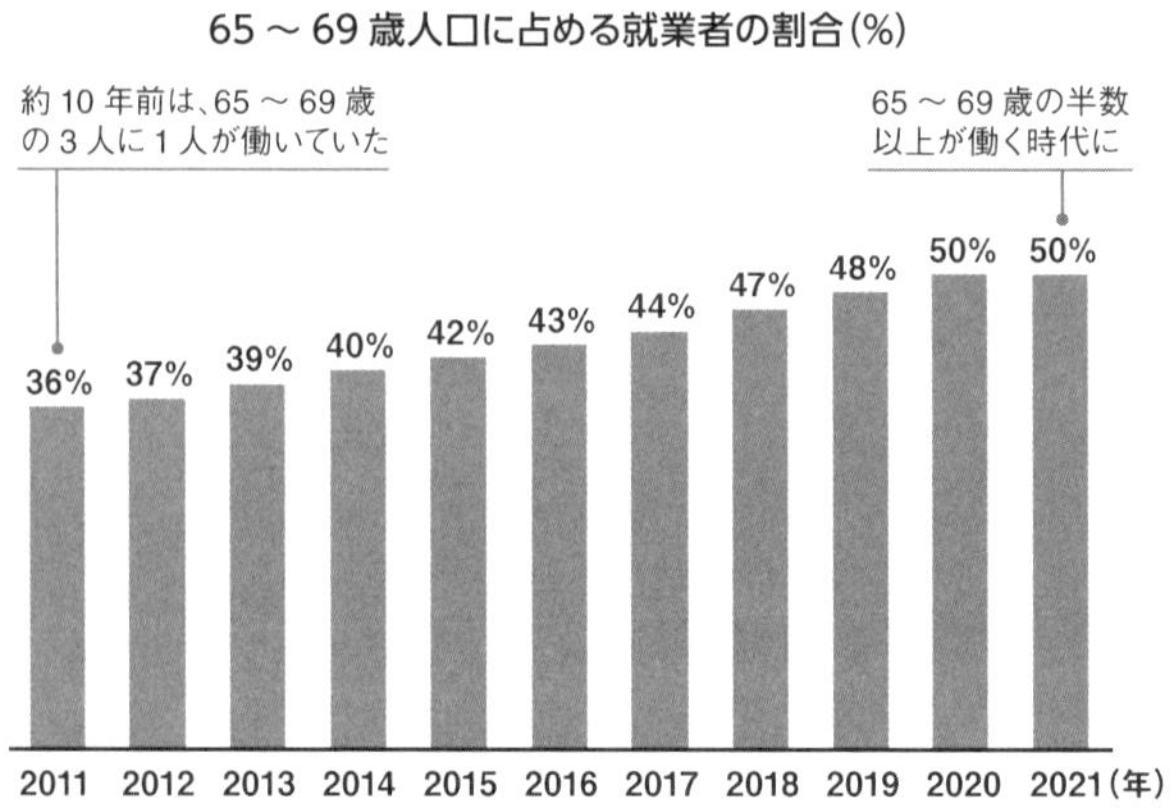


（出典）　総務省「労働力調査」をもとに作成

### ②収入を増やす

支出を減らすのは難しいという場合、収入を増やすという選択肢もあります。人生100年時代と言われるいま、定年の延長や再雇用など、より長く働くための制度の見直しが進んでいます。企業では、65歳まで定年年齢を引き上げる、あるいは定年制を廃止するといった対応が求められています。

統計を見ると、2011年の時点では、65～69歳の世代では約3人に1人が働いていました。10年後の2021年になると割合が増え、65～69歳の世代のうち半分以上の人が働く時代になっています。

また、やはり2021年の時点で、70〜74歳の世代でも約3割の人が働いています。[*3] たとえば、会社に定年まで勤めた後、契約職員として週1回程度、同じ会社で働くという選択をする方も増えているのではないでしょうか。同じ会社ではなくても、それまでの経験を生かして、定年後に新たな仕事を始める方もいるでしょう。

現役世代の会社員のように、週5日、フルタイムではなくても、仕事を続けて収入を確保することで、月々の生活費や趣味に使うお金に充てることが可能となります。

## 2000万円問題以降の高齢世帯のデータから読み解けること

実際に、老後2000万円問題が報道されて以降、平均値を見ると収入が徐々に増えています。次のページの図は、「老後2000万円問題」報告書で取り上げられたモデルケース以降、同じ条件で高齢世帯（夫65歳以上、妻60歳以上の無職世帯）の収入と支出をまとめたものです。左側の2017年の数字は、2000万円問題の年と同じものです。

＊3　総務省「労働力調査」

## 収入が増えた一方、支出は横ばいで、毎月の赤字は半減

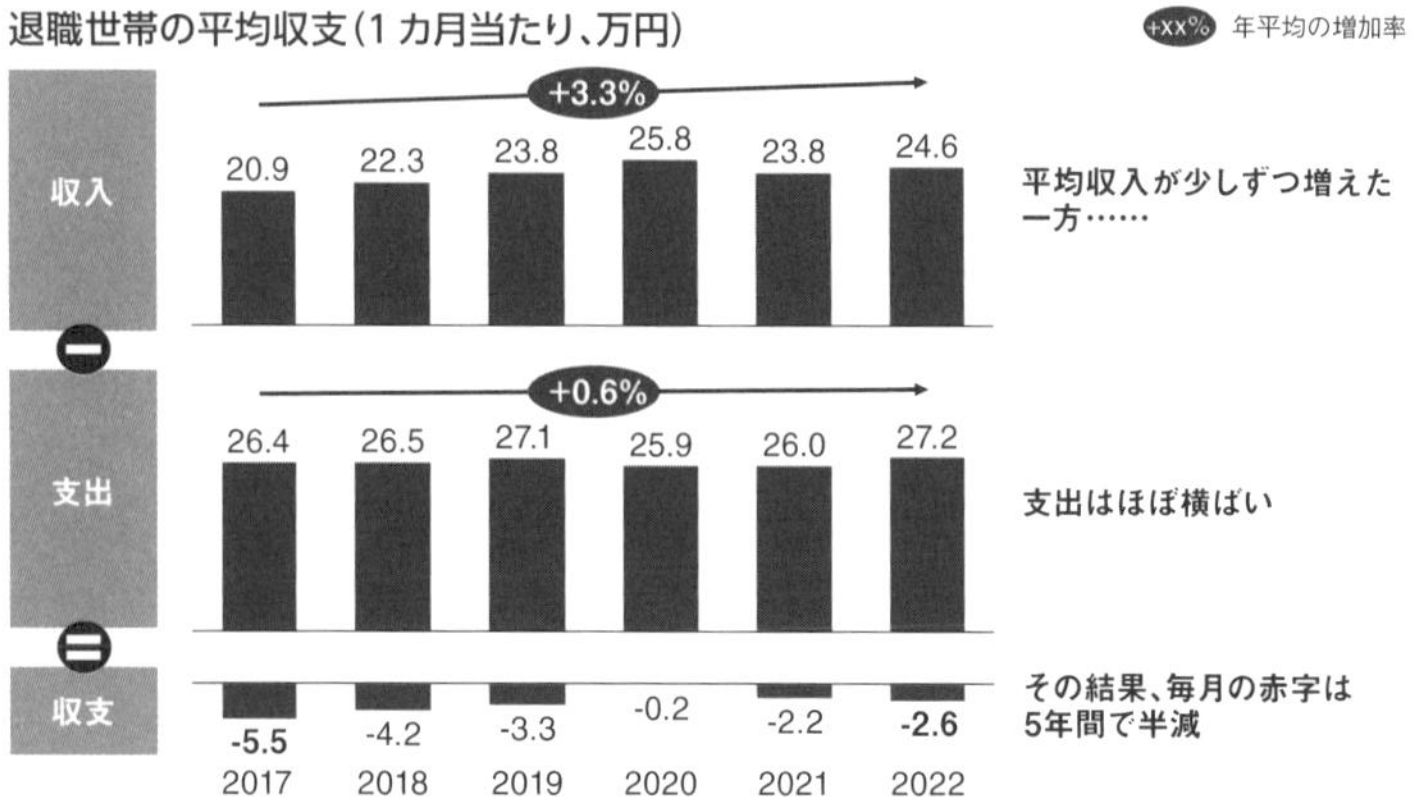


（出典）　総務省「家計調査」をもとに作成。夫65歳以上、妻60歳以上の無職世帯、2017-22年

2000万円問題の2017年の時点では月5・5万円の赤字だったのが、直近の2022年には半分以下の2・6万円の赤字に減っています。これはなぜでしょうか。

収入と支出をよく見ると、1カ月の支出はほとんど変わっていませんが、収入が徐々に増えています（ちなみに、2020年には、新型コロナウイルスの流行によって支出を減らした人が多いと思われる一方で、給付金が支払われたため、一時的に収支の差がほとんどなくなっています）。年金がほとんどを占めるはずの収入が、なぜ増えたのでしょうか。

この期間に年金を大幅に増やすような制度改正は行われていませんので、その理由

は一つです。それは、さきほど見たように、**65歳以上でも働き続けることを選択する方が増えた**ということです。

働き続けることを選んだ場合、統計上、「退職世帯」には含まれなくなります。特に**老後の年金収入が不十分だと感じている方ほど、働き続けることを選ぶと考えられますので、そうした方々が統計に含まれなくなることで、「退職世帯」の平均の収入が押し上げられた**と考えられます。これは統計上の錯覚で、実際に一人ひとりの年金額が増えていなくても、平均額は上がります。

また、働き続けることを選んだ方の一部が、働いている間は年金の受給資格があってもあえて受け取らないことを選択したと考えられます。そして、完全にリタイアしてから年金を受け取り始めると、年金の支給開始繰り下げ制度によって、毎月の年金の支給額が増えます。このことによって、「退職世帯」の平均収入が増えたと考えられます。

このように、十分な老後資金の蓄えがない人ができるだけ働き続けることを選んだ結果、退職世帯の平均の収入が少しずつ増えてきた、と考えるのが自然です。

## 「働き続ける」、「リタイアする」2つの選択肢を持つことが重要

働き続けることを選んでいる人の中には、年金や退職金で、老後資金は十分に確保できていて、それでも好きな仕事を続けている方もいると思います。できるだけ長く働いて、世の中の役に立ちたいと考えられることは、素晴らしいことだと思います。

一方で、本当は仕事をリタイアして、趣味に時間とお金を使いたいけれど、その余裕がなく働き続けているという方もいるでしょう。

働くことと、趣味や娯楽に時間を使うこと、どちらがよりよい選択だと言いたいわけではありません。重要なのは、**本当にやりたいことを選択できる環境のほうが、幸せなのではないか**ということです。

老後は自分の好きなことをして過ごしたい、現役時代にはなかなかできなかった趣味に時間を費やしたいという方もいるでしょう。老後に、自分のやりたいことにどれだけ時間

やお金をかけられるかは、とても大切なのではないでしょうか。

## 収入を増やす方法は、働き続けることだけではない

「老後2000万円問題」報告書では、日本社会の構造はすでに大きく変わっていることが指摘されていました。実際に、終身雇用を前提としない働き方が増え、退職金の平均額もだんだんと減っています。現在の働く世代が、高齢世代と同じように、年金と退職金で生活していくことは難しくなる可能性が高いでしょう。

それでは、これからの時代を生きる私たち働く世代は、どうすればよいのでしょうか。ここまでに説明した通り、支出を減らしたり、働いて収入を増やしたりする方法もありますが、それだけではありません。**働きながら資産運用を行うことで、資産による収入を増やしてリタイアするという選択肢もあります**。本書では、働く世代にとって資産運用はどのような意味を持つのか、そしてどう取り組めばよいのか、解説します。

参考文献：『ほんとうの定年後「小さな仕事」が日本社会を救う』坂本貴志著、講談社、2022年

# 第1章

# なぜ、誰もが資産運用を行ったほうがよい時代になったのか

## 第1章のポイント

### 難易度1 ★☆☆

- 日本では、たとえ大企業であっても、すでに終身雇用の制度を維持するのが難しくなっています。かつてとは違って、老後の生活資金を国や会社に期待するのではなく、自分で備えることが重要な時代になっているのです。
- 日本では金融資産のうちの半分以上が、依然として預貯金に置かれています。しかし、老後の生活資金を確保するうえで、働きながらの資産運用は有力な選択肢となります。資産運用を考えるうえで重要なキーワードとなるのが、NISAです。

## 日本社会の構造は大きく変わっている「国と会社が老後の面倒を見てくれる」という神話の崩壊

### 「終身雇用は維持できない」発言の衝撃

「老後2000万円問題」報告書の炎上には、伏線がありました。

報告書が発表される2カ月前の2019年4月、日本経済団体連合会（経団連）の中西宏明会長（当時）が首相官邸で、「終身雇用はもう維持できない」と発言し、世の中に衝撃を与えました。さらに翌月には、トヨタ自動車の豊田章男社長（当時）が、「終身雇用を守っていくのは難しい局面に入ってきた」と発言し、大きな話題を呼びました。

経団連は、大企業を中心とする経済団体として、長年の間、終身雇用を支えてきた中核的存在です。また、トヨタ自動車は日本を代表する企業であり、経団連の会員企業の中でも特に、雇用を守ることにこだわってきた経緯があります。このため、経団連会長とトヨタ社長の発言は衝撃をもって受け止められ、大きく報道されました。

しかし、経団連会長やトヨタ社長（いずれも当時）の発言を待つまでもなく、終身雇用の制度はすでに過去のものとなっています。「老後２０００万円問題」報告書を当然のことと受け止め、むしろ、「そんなことは昔からわかっていた」という意見があったのはこのためです。

終身雇用の崩壊は、まず、１９９０年代に就職氷河期という形で現れました。多くの企業が、社員の雇用を守るために、新卒学生の採用を大幅に削減したからです。

さらに、派遣社員や業務委託といった形での働き方が広がりました。その結果、雇用が安定している正社員と、雇用が不安定な派遣社員・業務委託という二極化が進行します。

終身雇用は、正社員の世界の内側でしか維持できておらず、日本社会全体で見れば、すでに崩壊していたということになります。そもそも、正社員の世界とその外側で雇用の安定性を分けるのは、社会のあり方としては持続可能ではないように思います。

他の先進国の多くでは、正社員かどうかという雇用形態に関係なく、雇用は平等に安定的であり、同時に平等に不安定です。それに対して、日本の場合には、正社員の終身雇用を守ることが最優先された結果、正社員でない形での雇用がその犠牲となって過度に不安定になっています。

そして、ここまでして守ってきた正社員の終身雇用すら維持できなくなっているのは、経団連会長やトヨタ社長（いずれも当時）の発言から明らかです。**終身雇用が崩れていけば、当然、それを前提とする社会の仕組みや「あるべき姿」も変わってきます。**

## 老後の生活資金を、すべて国や会社に期待するのは現実的ではない

1960年代の高度経済成長期に成立したと言われる「日本型経営」のモデルでは、長い間、終身雇用が理想とされてきました。終身雇用の下では、高校や大学を卒業すると就職し、同じ企業で定年まで働き続けます。

そして、定年退職すると、まとまった金額の退職金を受け取ることができます。そして、年金を政府と企業から受け取って、退職金と年金で老後の生活を送ることができました。

実際、序章で取り上げた「老後2000万円問題」報告書のデータからも、現在の退職世帯の平均的な生活は退職金の取り崩しと年金収入で成り立っていることがわかります。

ただし、ここで注意すべきは、**終身雇用がすべての人に当てはまっていたわけではない**ということです。たとえば、自分のお店や工場を経営している場合には、定年などなく、働き続けることが多くありました。それでも、終身雇用は多くの企業にとって理想とされていたため、経営の体力がない中小企業も、人材獲得のために終身雇用を掲げる時代が長く続きました。

このように、終身雇用は必ずしもすべての日本人に当てはまっていたわけではないのですが、「あるべき姿」とされ、終身雇用を前提に日本の社会制度が構築されてきました。

その代表例が退職金の制度です。しかし、**終身雇用が崩れていくのと同時に退職金の平均額はだんだんと減少しています**。厚生労働省の統計によれば、2007年に2280万

## 退職金に頼ることは困難に

大卒で企業に就職し定年退職した場合の退職金の平均額

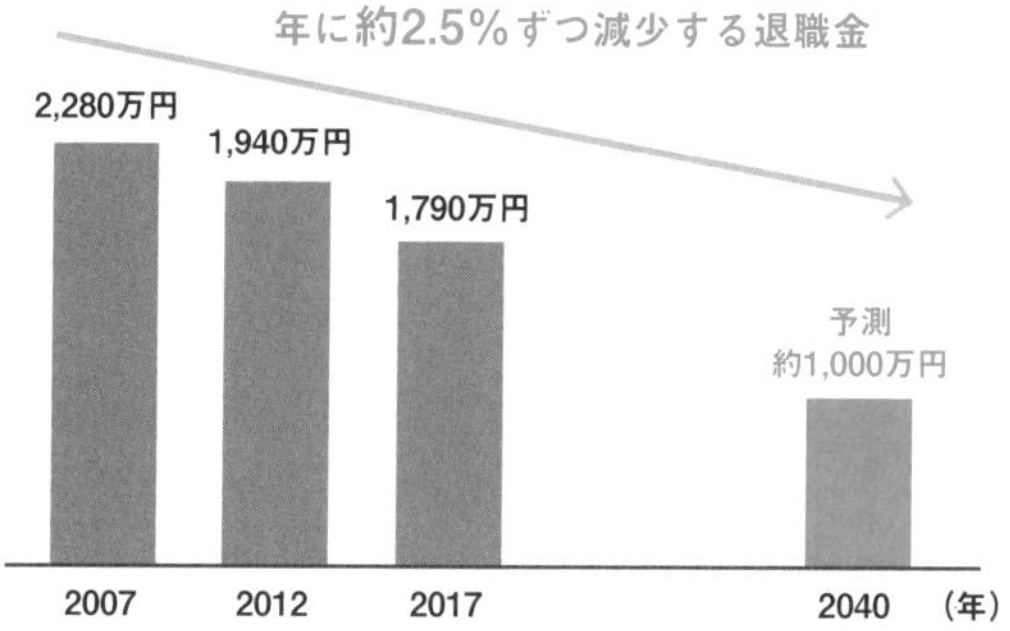


（出典） 厚生労働省「就労条件総合調査」（平成20・25・30年）をもとに作成

円あった大卒の正社員の退職金の平均額は、2017年の1790万円へと、**10年で2割以上減って**います。年率では2・5％の減少ペースです。仮にこのペースで減少していけば、2040年には、約1000万円まで減少することになります。

また、退職金がない企業も増えています。そもそも、**退職金は給与の後払い的な性格があります**。その分、若いときに給与を低く抑えられているため、退職金の制度をなくすことには一定の合理性があります。

このように、仮に、**今後20年間、終身雇用の制度の内側で守られるとしても、老後の生活資金を退職金に期待するのは現実的**

**ではなくなっている**のです。

退職金に期待できなくなっている以上、働きながら資産運用を行い、必要な老後資金を用意しておくことが大切な時代になっています。

## 人生100年時代、お金の寿命も伸ばすことが必要に

医療の発展によって人間の寿命は伸びています。また、健康寿命も伸びています。1998年と2016年の体力テストを比べると、2016年の70~74歳の体力テストの合計点は、1998年の65~69歳の体力テストの合計点を上回っています。つまり、実際の年齢よりも元気になっているのです。[*1]

この結果、かつては、「定年まで勤め上げれば、国と企業が老後の面倒をみてくれる」というモデルでの「老後」が比較的短い期間であったのに対し、現在は、「老後」それ自体が伸びていっています（厳密には、年齢を重ねても元気なままの方が増えています）。

寿命が伸び、老後が長くなるのに合わせて、それを支える資産の寿命を伸ばしていくこ

とが必要になってきます。**働きながら資産運用を行って資産の額全体を増やし、退職してからも資産運用を続けることで、長い期間、資産を増やしていく**ことができます。

「人生100年時代」と言われるようになり、今後、健康寿命はさらに伸びていく可能性もあります。このことも、働きながら資産運用をしていくことが大切な時代になった大きな理由の一つです。何歳までお金が必要になるのかは誰にもわからないからこそ、資産運用を続けて、お金の心配を減らすことが重要です。

## 誰もが資産運用を行う時代は来るのか

### 2000万円問題以降も、預貯金は増え続けている

「老後2000万円問題」報告書が発表されたことによって、実際に私たちの行動に変化

＊1　内閣府「平成30年版高齢社会白書」

はあったのでしょうか。

統計データを見ると、一部の人たちに変化はあったものの、その変化は限定的だったことがわかります。

まず、日本の金融資産の動きを見てみましょう。「老後２０００万円問題」報告書が発表される半年前の２０１８年末[*2]と、その４年後の２０２２年末を比較してみます[*3]。

**日本全体の個人金融資産**

２０１８年末　１８３５兆円

←

２０２２年末　２０２３兆円

**預貯金**

２０１８年末　９８５兆円

←

２０２２年末　１１１６兆円

**金融資産に占める預貯金の比率**

２０１８年末　５３・７％

↓

２０２２年末　５５・１％

日本の金融資産は増えましたが、投資にお金が大きく動くということはなかったようです。むしろ、預貯金の割合が増加しています。

このような数字を見ると、「貯蓄から投資」への流れはむしろ逆に進んだようにも見えます。また、預貯金の額が過去最高水準になっていますが、この間、預貯金の利息はほぼ０％ですので、これは利息で増えたわけではありません。多くの人が、預金口座などに追加でお金を預けたということになります。この４年間に何が起きたのでしょうか。

＊２　日本銀行「資金循環統計」２０１８年12月末時点
＊３　日本銀行「資金循環統計」２０２２年12月末時点

## 新型コロナウイルスの影響はどうだったのか

「老後2000万円問題」報告書が発表されてから約半年後に、新型コロナウイルスの感染が拡大しました。中国の武漢で大規模感染が発生し、その後またたく間にアメリカやヨーロッパ、アジアの主要都市など世界中へ広がっていきました。

新型コロナウイルスの感染力は強く、有効な治療薬やワクチンも開発されていませんでした。各国政府は次々にロックダウン（都市封鎖）に踏み切っていきました。ロックダウン下では、飲食店や劇場などが収入の道を閉ざされるため、各国政府は、コロナ給付金を支給しました。アメリカ政府は2020年4月に1000ドル（約10万円）の小切手を国民に送付し、日本でも同年4月に各世帯に10万円を給付しました。

このコロナ給付金がどうなったのか、興味深い研究があります。アメリカでは、コロナ給付金を受け取った人の多くが、給付金を生活のために使いました。それに対して、日本では給付されたお金の一定割合が、そのまま銀行預金になったのです。

なぜそのようなことになったのでしょうか。いろいろな理由が考えられます。

理由の一つとして指摘されているのは、物事のとらえ方の違いです。アメリカ人は将来を楽観視しており、いずれ景気もよくなると考えてコロナ給付金をコロナ禍を乗り切るために使いました。それに対して、**日本人は将来を悲観しており、将来のためにコロナ給付金に手をつけずに取っておいた、**というわけです。

実際に各国で行われたアンケート結果を見ると、多くの日本人が将来に対して悲観的です。その割合は国際的に見ても非常に高い水準です。[*4] 「老後2000万円問題」は、将来への悲観をさらに強め、コロナ給付金が貯蓄にまわった原因となった可能性があります。

ただ、コロナ給付金だけでは、この4年間で預貯金が約130兆円も増えたことを説明できません。もう一つの理由は、**外食や旅行にいけなくなったため、支出が大幅に減り、**

＊4　2020年4月に実施された調査：ボストン コンサルティング グループ COVID-19 Consumer Sentiment Surveyより

**その分、預貯金が増えた、**というものです。

## ＮＩＳＡを活用して資産運用を行う人は増加

コロナで支出が減った分、預貯金を増やすのではなく、老後に備えて資産運用を行う、という選択肢もあったはずです。

統計データを見ると、実際にそうした人たちもいたことがわかります。

**個人が保有する株式や投資信託などの金額**＊5

２０１８年末　２４７兆円
↓
２０２２年末　２８５兆円

**つみたてＮＩＳＡの口座数**＊6

２０１８年末　１０３万口座
↓
２０２２年末　７２５万口座

**つみたてＮＩＳＡで投資された金額**＊6

２０１８年末　９３１億円

２０２２年末　２兆８２００億円

**一般ＮＩＳＡの口座数**＊6

２０１８年末　１１５０万口座

２０２２年末　１０７９万口座＊7

**一般ＮＩＳＡで投資された金額**＊6

２０１８年末　15兆円

２０２２年末　28兆円

また、私たちが提供するロボアドバイザー「ウェルスナビ」を利用して資産形成をする方々も急増しました。ウェルスナビの利用者の数は、２０１８年末の11万人から２０２２

＊５　日本銀行「資金循環統計」
＊６　金融庁「ＮＩＳＡ口座の利用状況調査」
＊７　マイナンバー導入前に開設された口座で、非課税保有期間が終了したものが廃止された影響で、一般ＮＩＳＡの口座数は減少している

年末の36万人へと3倍以上に増えました。預かり資産も、2018年末の1090億円から2022年末の7200億円へと、4年間で7倍近くに増加しました。こうした資産運用の広がりの要因の一つに、「老後2000万円問題」があることは間違いないでしょう。

ウェルスナビでは、ライフプランという、資産形成の目標を立てて、その達成を支援するツールをアプリで提供しています。

ライフプラン・ツールを活用している方々の目標金額の平均を見ると、1939万円[*8]であり、まさに「老後2000万円問題」に近い数字になっています。これが偶然であるとは思えません。

一人ひとりの生活スタイルに合わせて老後に必要な資金の額は異なるものの、「2000万円」という数字がなんとなく、老後までに蓄えておくべき資金の目安として意識されているのではないでしょうか。

## 物価上昇により、預貯金の価値が減っていく可能性がある

資産運用を行ったほうがよいもう一つの理由に、物価上昇（インフレ）があります。これまで、日本では、物価が下がるデフレの状態が長く続いてきました。

しかし、２０２０年以来長引いたコロナ禍や、２０２２年にロシアがウクライナに侵攻したことなどをきっかけに、日本でも身近なものの値段が上がり、それがニュースになる機会も増えました。30年続いたデフレの時代は、終わりを迎えるかもしれません。

### 実は、これまでも物価は少しずつ上がっていた

日本では、これまで物価が上がらずデフレが続いてきたと言われています。ただ、実は、これまでも、見えづらいところで物価は上がっていました。

＊8　２０２３年6月30日時点

## 10年間での500円で買える量の変化（東京都の例）

| 品目 | 2011年 | 2021年 |
|---|---|---|
| 小麦粉 |  2252g |  1845g |
| さけ |  215g |  137g |
| 喫茶店のコーヒー1杯 |  1杯飲んで82円のお釣り |  1杯飲むのに13円足りない |

政府の統計をもとに、東京に住んでいる場合、５００円で買えるものの量が10年間でどう変わったかを見てみましょう。[*9]

10年の変化を見ると、同じ５００円を支払った場合に、買える量が少なくなっていました。小麦粉であれば、２０１１年には５００円で２２５２グラム買うことができました。しかし10年後の２０２１年には、１８４５グラムしか買えなくなっています。さけの切り身の場合も同様に、５００円で買える量が大きく減っていました。

喫茶店の価格で比較すると、２０１１年にはコーヒーを１杯飲んで、５００円支払うと82円のお釣りがもらえました。しかし、

2021年には、コーヒーを1杯飲むのに500円では足りませんでした。

あくまで東京の例ですが、このように、身近なものの値段は、実は上がっていました。

そして、**最近のインフレは、これまでの「値段を上げずに量を減らすことで実質的に値上げをする」というステルス値上げではありません。モノの値段そのものが上がっていくという、正真正銘のインフレです。**

仮に**今後もインフレが進むとすると、資産を預金で持っておくことは、安全なようでいて実はリスクになります。**金利がほとんどつかない預金の場合、いまの100万円の預金は、10年後もほぼ100万円のままです。

しかし、いまは100万円で買える自動車が、10年後は100万円では買えないとすれば、100万円の実質的な価値は、減っていることになります。

こうした状況で個人はどう行動すべきでしょうか。**預貯金を少しずつリスクのある資産**

＊9　総務省「小売物価統計調査年報」（2011年、2021年）の東京都区部の年平均価格から算出

**に移していって、将来のために資産の価値を守ることが大切**です。具体的には、株式や不動産、金といった資産は、インフレに強いと言われています。預貯金と合わせて、リスクのある資産も持つことが、将来の備えにつながります。

## 新しいNISAが、働く世代の大きな後押しになる

もしも、本書を読んでくださっている方が、退職を間近に控えていて、十分な老後資金をすでに預貯金で持っているということであれば、無理をして資産運用をする必要はないかもしれません。

一方で、多くの働く世代の方は、ご自身の将来や老後のお金について、不安を持っているのではないでしょうか。将来のご自身の資産を築くためには、働きながら資産運用を行うことが大切な時代になっています。

個人の金融資産が預貯金に偏っている状況が続いている中、どうすればより多くの

人が資産運用に取り組めるようになるのか、考えてみましょう。大きな鍵となるのが、NISAです。

日本政府は、2024年から、新しいNISA制度を開始します。いままでのNISA制度とは異なり、**誰もが自分のペースで無理なく投資に取り組める**ようになります。

すでに、書店やSNSにはNISAに関する情報がたくさんあふれていますし、NISAについて聞いたり話したりすることが増えたという方もいるのではないでしょうか。この新しいNISAによって、いままで何十年もの間、動いてこなかった日本人の金融資産が、貯蓄から投資へと大きく動く可能性があります。

若いうちから、働きながら資産運用を行うことには、大きな意味があります。人生において、何歳まで働き続けるか、何に最も時間やお金を使うのか、さまざまな選択をする場面が訪れるでしょう。そのときに、資産運用を行っていたことで金融資産に余裕があれば、選択の幅が広がり、人生の自由度が増すことが期待できます。新しいNISAは、一人でも多くの人が資産運用に取り組みやすくなるように、用意された制度です。

新しいＮＩＳＡは何がそれほどまでに魅力的なのか、この後の章で詳しく説明します。

コラム

# 「年金制度は破綻するから保険料を払わないほうが得」という話は本当なのか

「年金制度は破綻し、いまの若い世代は年金を受け取ることはできない。したがって、年金の保険料は払わないほうがよい」という意見を耳にすることがあります。この議論について、年金制度への誤解があるのではないか、と感じることがあります。

そもそも、年金制度は破綻するのでしょうか。**国は、年金制度が破綻しないように制度設計を変えられるため、可能性は低い**と思います。

しかし、万が一年金制度が破綻する可能性があるからと言って、年金保険料は払わないほうが果たして「得」なのでしょうか。

「年金制度が破綻する」という話をする場合の「年金」とは、いわゆる基礎年金のことを指します。お金の出所としては、半分が保険料収入、残りの半分が国庫負担、つまり税金でまかなわれています。

私たちは年金の保険料を払っているかどうかに関係なく、税金を納めることによって年金制度を支えています。一方で、私たちが将来に年金を受け取れるかどうかは、年金保険料を支払ったかどうかで決まります。

つまり、**年金の保険料を支払わない場合には、税金を通じて年金制度を支える義務が残る反面、年金を受け取る権利は失います。**この状態は決して「得」とは言えず、むしろ「損」なのではないでしょうか。

「国の年金はどうせ破たんするから保険料を払わないほうがいい」といった一見わかりやすく極端な主張は、拡散しやすい傾向があります。特に、〝お金〟に関するテーマにおいては、簡単に手に入る「お得」や「××しないと損」といった情報に飛びつきやすいものです。このように、極端でわかりやすい議論を耳にしたときは注意が必要です。

# 第2章

# 新しいＮＩＳＡは誰のための制度？

## 第２章のポイント

### 難易度２ ★★☆

- 投資をして利益が出ると、通常は税金がかかります。この税金がかからないのが、NISAという制度の最大のメリットです。
- ２０２４年からの新しいNISA制度は、一人ひとりが自分のペースに合わせて使える、優しい制度に生まれ変わりました。主な特長は次の三つです。

①一つしか選べなかった「一般NISA」と「つみたてNISA」の両方を使える
②投資できる金額が大きく増える
③制度の利用期限がなくなることで、いつでも好きなように使える

- 新しいNISAはどのような使い方ができるようになったのか、具体的な事例をいくつか紹介します。共感できる事例があれば、ぜひ参考にしてみてください。

## そもそもNISAのメリットとは

ＮＩＳＡ（ニーサ）とは、「少額投資非課税制度」の略称で、２０１４年にスタートしました。

ＮＩＳＡのモデルとなったのは、ＩＳＡ[*1]というイギリスの非課税貯蓄制度です。日本で導入される前は、「日本版ＩＳＡ」と呼ばれていました。

私自身も、財務省で働いていた頃、初期段階での制度検討に関わっていました。「日本版ＩＳＡについて」という、財務省内の検討資料を作成したことがあります。やがて、「日本版ＩＳＡ」ということで、「ＮＩＳＡ（ニーサ）」と呼ばれるようになり、現在ではこの呼び方が定着しています。

＊1　Individual Savings Accountの略称

値上がりしただけでは、そもそも税金はかからない

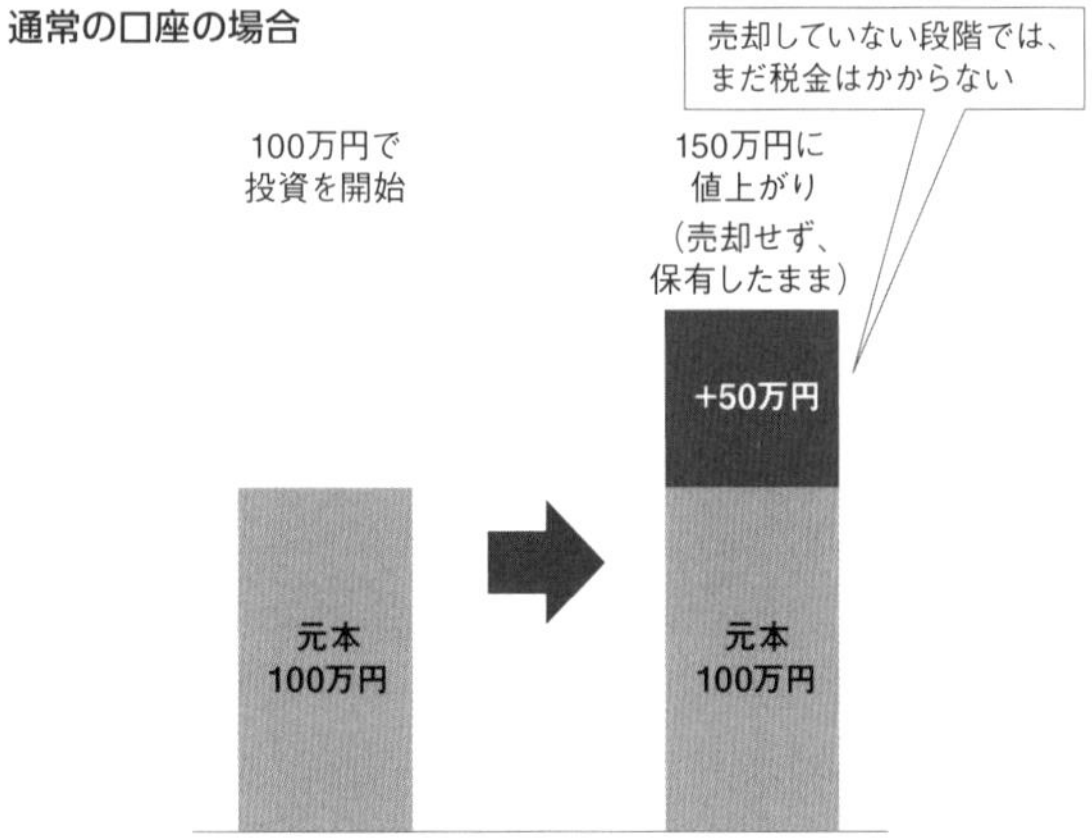


## 本来、投資で得た利益には、約20％の税金がかかる

ＮＩＳＡのメリットは、**投資して資産が増えた場合に、利益にかかる税金がゼロになる**というものです。[*2]

**本来、投資で得た利益には、約20％の税金がかかります。**たとえば、１００万円を投資して、10年で資産の価値が１・５倍の１５０万円に増えたとします。このとき、増えただけでは、税金はまだかかりません。

なぜなら、資産の価値が１５０万円というのは、「もしもいま売却したら」という仮定のものであり、利益はまだ実現していないからです。

## 通常の口座では、売却で得られた利益に約20%の税金がかかる

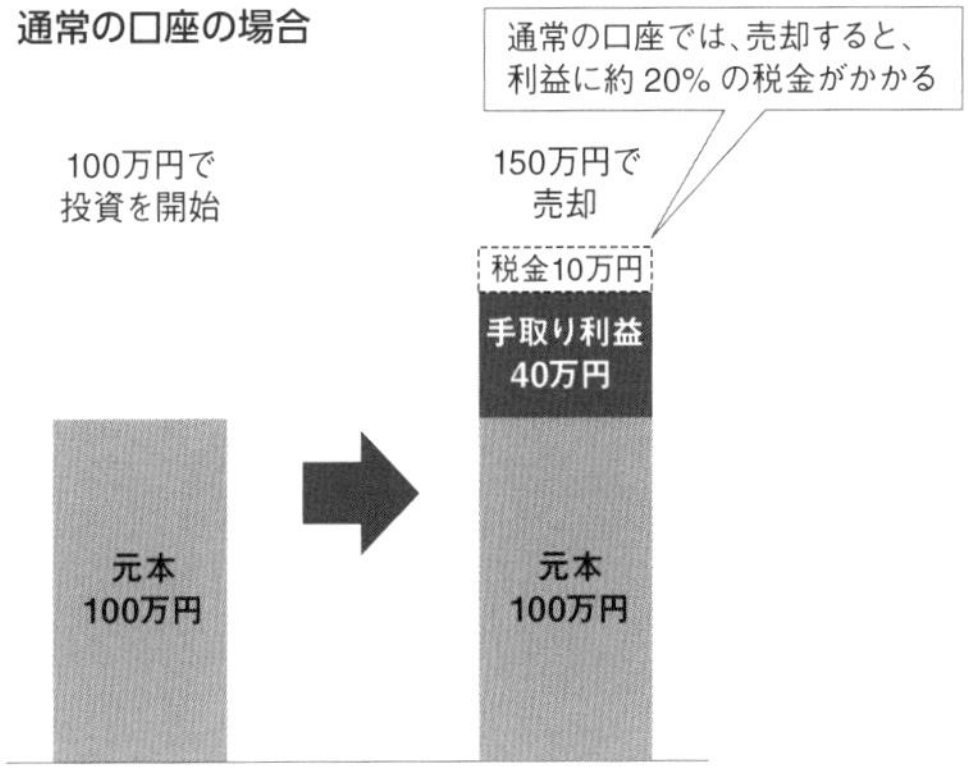


税金がかかるのは、資産を１５０万円で売却して、50万円の利益が確定したときです。利益に対して約20％の税金がかかります。*3

この場合、50万円の利益のうち、約20％の約10万円が税金となります。投資したときに１００万円だった資産は１５０万円に増えましたが、売却したときに手にするのは、約10万円の税金を払った残りの約１４０万円となります。

*2　より正確には、ＮＩＳＡ口座で投資をした場合に、利益も損失もないとみなされるため、その結果、税金がかからないという仕組みになっています。

*3　本来の税率は、国税である所得税が15％、地方税である住民税が５％の計20％ですが、２０３７年までは所得税に復興特別所得税が上乗せされるため、利益にかかる税金は計20・３１５％となります。本書では、議論をシンプルにするため、「約20％」と表記します。

NISA口座では、利益に税金がかからない

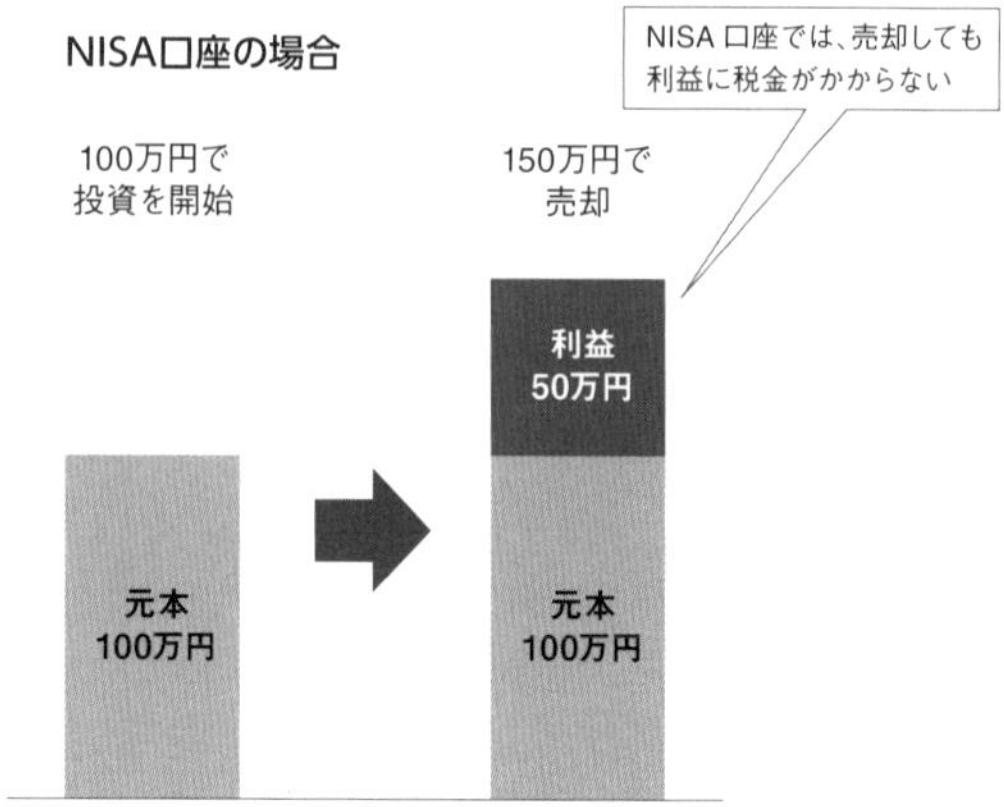


## NISAでは、投資で得た利益に税金がかからない

NISA口座で投資を行った場合には、この約20%の税金がかかりません。先ほどと同じように、100万円で投資した後、150万円で売却したとします。NISA口座で投資していれば、50万円の利益に対してかかる税金はゼロになります。このため、元本100万円と利益50万円を合わせた150万円すべてが手元に残ることになります。

なお、よくある誤解として、「本来は元本と利益の全体、つまり150万円に税金がかかるが、NISAであれば税金がゼロに

## そもそも利益がなければ、NISAの非課税メリットもない

NISA口座と通常の口座の両方に共通

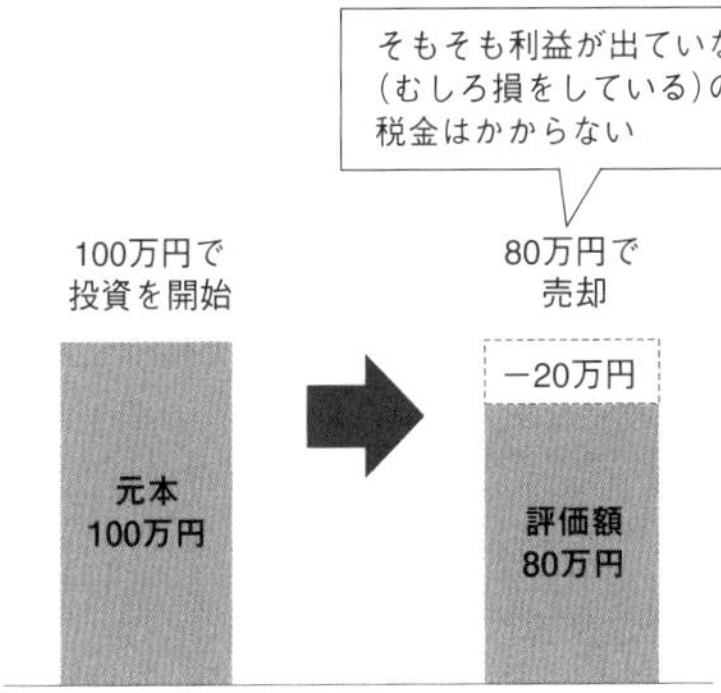


なる」というものがあります。これは誤解です。そもそも**税金は利益の50万円にしかかかりません。従ってＮＩＳＡのメリットも、全体の１５０万円ではなく、あくまでも利益の50万円にかかる税金（約10万円）がゼロになる**というものです。

では、投資をしても利益が出ず、むしろ損をしてしまった場合はどうでしょうか。

たとえば１００万円を投資した後、資産の価値が80万円に減ってしまった時点で売却したとします。この場合、そもそも利益を出していないので税金もかかりません。

利益が出ていなければ、ＮＩＳＡ以外

の口座で投資をしていたとしても、税金はかかりません。そもそも利益が出なければ、NISAのメリットもないということになります。*4

このように、NISAで投資をすれば必ずメリットがあるわけではありません。**NISAのメリットがあるのは、投資で利益を得た場合だけ**です。

NISAのメリットを得るために、時間をかけて利益を得る可能性を高める方法が、「長期・積立・分散」です。この方法については、第3章以降で説明します。

## 新しいNISAは、一人ひとりのペースで利用できる、優しい制度

NISA制度は、2014年1月に時限的な制度としてスタートしました。

その後、未成年向けの「ジュニアNISA」や、20年間の積立投資に特化した「つみたてNISA」ができると、もともとあったNISAは「一般NISA」と呼ばれるよ

うになります。仕組みが異なる三つの制度が同時に存在する状態でした。これに対して、「制度がわかりにくくて使いにくい」という声も上がるようになりました。

そこで、3種類のNISAのうち、「ジュニアNISA」を廃止し、「一般NISA」と「つみたてNISA」を統合して、2024年1月より「新しいNISA」として再スタートすることになりました。

新しいNISAは、従来のNISAと比べて、私たち一人ひとりが自分のペースで活

＊4　NISA制度は、税金の計算上、NISA口座での投資の利益も損失もゼロとみなす仕組みになっています。このため、NISA口座での投資で損失が出た場合に、別の投資で出た利益と損益通算することはできません。
NISAを利用せずに二つの投資をしていて、一方の投資では30万円の利益が、もう片方の投資では20万円の損失が出ていたとします。この場合、30万円の利益と20万円の損失を相殺することで、10万円の利益に対してだけ約20％（約2万円）の税金がかかることになります。これを「損益通算」と言います。これに対して、NISA口座を利用しない投資で30万円の利益が発生していて、NISA口座を利用した投資で20万円の損失が発生している場合、NISA口座で出た損失はゼロとみなされます。このため、NISA口座を利用しない投資からの30万円の利益と相殺できず、約20％（約6万円）の税金がかかることになります。NISAを使うことで、かえって税金が約4万円増えてしまいます。
これはNISAのデメリットと呼ぶこともできそうですが、そうとも限りません。このケースでは、片方の投資をNISAで、もう片方の投資をNISAの外側で行っていますが、両方の投資をNISAで行っていた場合には、税金の計算上、利益も損失もゼロなので、税金もゼロになります。そうすればNISAを全く使わない場合と比べて税金が約2万円、片方だけでNISAを使う場合と比べて、税金が約6万円、少なくなります。やはり、NISAには、税金を減らすメリットがあるのです。

用できる、大きなメリットがあります。

新しいＮＩＳＡには、従来のＮＩＳＡにない、三つの特長があります。

**①一つしか選べなかった「一般ＮＩＳＡ」と「つみたてＮＩＳＡ」の両方を使える**

**②投資できる金額が大きく増える**

**③制度の利用期限がなくなることで、いつでも好きなように使える**

この三つの特長によって、私たち一人ひとりが自分にあった形で、ＮＩＳＡを利用することができるようになりました。

ここからは、従来のＮＩＳＡ制度と新しいＮＩＳＡ制度の何が違うのか、詳しく見てみましょう。

# 新しいNISA、三つの特長

## 新NISAの特長① 一つしか選べなかった「一般NISA」と「つみたてNISA」の両方を使える

従来のNISAでは、「一般NISA」と「つみたてNISA」の二つの制度のうち、どちらかだけを選ぶ必要がありました。両方を同時に使うことはできませんでした。*5

「一般NISA」は、年間120万円まで、5年間で最大600万円まで投資できる制度でした。また、さまざまな株式や投資信託、上場投資信託（ETF）に幅広く投資することができました。

*5　2023年までは制度として「ジュニアNISA」もありましたが、利用できる人が20歳未満に限定されていました。ここでは、18歳以上が利用できる「一般NISA」と「つみたてNISA」に絞って説明しています。

つみたて投資枠と成長投資枠の両方を同時に活用できる

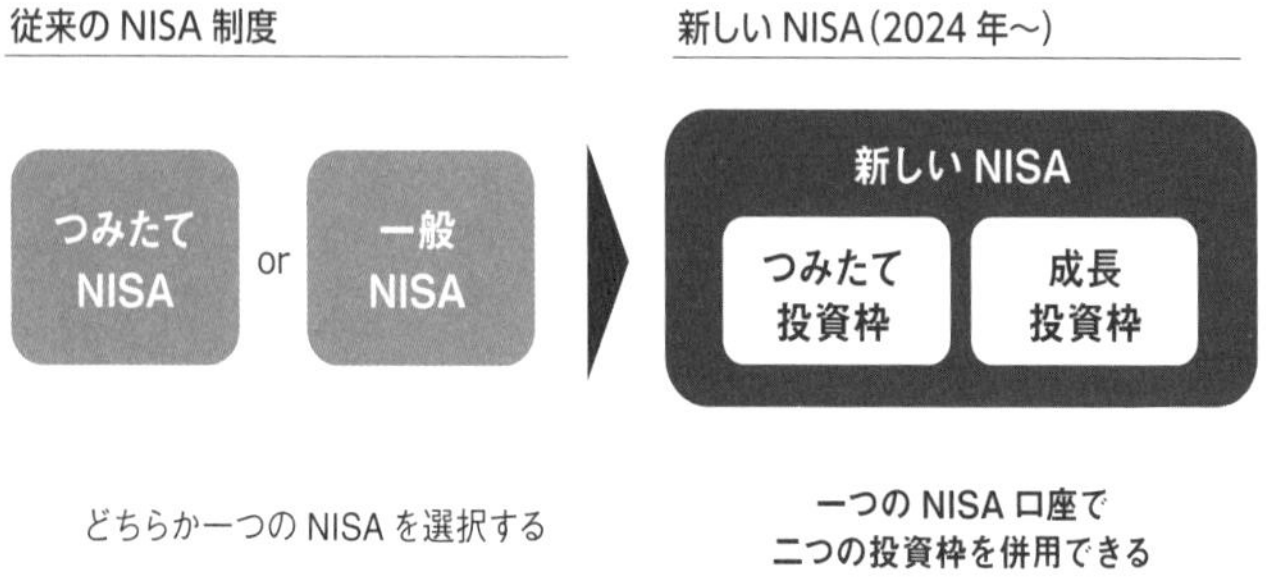


もう一つの「つみたてＮＩＳＡ」は、年間40万円まで、20年間で最大８００万円まで投資できる制度でした。ただし、つみたてＮＩＳＡで投資できる商品は、金融庁に届け出がされた一部の投資信託やＥＴＦに限られていました。さらに、つみたてＮＩＳＡは、定期的に投資を続ける「積立投資」が必須とされています。

両方の違いを見たうえで、「一般ＮＩＳＡとつみたてＮＩＳＡのどちらを選ぶべきだろう」と悩んだ挙げ句に、そのどちらも選べないままになっている方も多いはずです。しかし、新しいＮＩＳＡでは、そのような心配はしなくてもよくなりました。

新しいＮＩＳＡは、**「一般ＮＩＳＡ」と「つみたてＮＩＳＡ」が統合された一つの制度**です。一つのＮＩＳＡ口座の中に、従来の「一般ＮＩＳＡ」と「つみたてＮＩＳＡ」の二つの枠があり、その両方を同時に利用できます。ＮＩＳＡ口座を作る際に、どちらか一方を選ぶ必要はありません。

新しいＮＩＳＡでは、従来の「一般ＮＩＳＡ」は「成長投資枠」と呼ばれます。また、「つみたてＮＩＳＡ」は「つみたて投資枠」と呼ばれます。従来の制度との混同を防ぐために、呼び方が変わりますが、中身はほとんど同じです。[*6] この「成長投資枠」と「つみたて投資枠」の二つが合わさって、新しいＮＩＳＡとなります。

## 新ＮＩＳＡの特長② 投資できる金額が大きく増える

新しいＮＩＳＡでは、非課税で投資できる金額が、大きく増えます。

---

＊6　厳密には、「一般ＮＩＳＡ」と異なり、「成長投資枠」では、「毎月分配型」と呼ばれる投資信託や、リスクを下げる目的以外でデリバティブ（金融派生商品）が組み込まれている投資信託が対象から除外されました。

前提として、ＮＩＳＡでは、無制限にいくらでも投資できるわけではありません。**投資できる金額は、1年当たりの上限と、生涯の上限がそれぞれ決まっています。**

そして、重要なポイントは、**1年当たりの上限まで投資をする必要はない**ということです。順番に、説明します。

## 年間の非課税枠が360万円に拡大する

新しいＮＩＳＡでは、毎年３６０万円まで非課税で投資できます。

従来のＮＩＳＡでは、「一般ＮＩＳＡ」では毎年１２０万円まで、「つみたてＮＩＳＡ」では毎年40万円まで、非課税で投資できました。これを年間の「非課税枠」と呼びます。[*7]

新しいＮＩＳＡでは、**年間の非課税枠が３６０万円に拡大**します。従来の「一般ＮＩＳＡ」の非課税枠（１２０万円）の3倍、「つみたてＮＩＳＡ」の非課税枠（40万円）と比べると実に9倍です。

## 新しいNISAでは年間の非課税枠が360万円に拡大

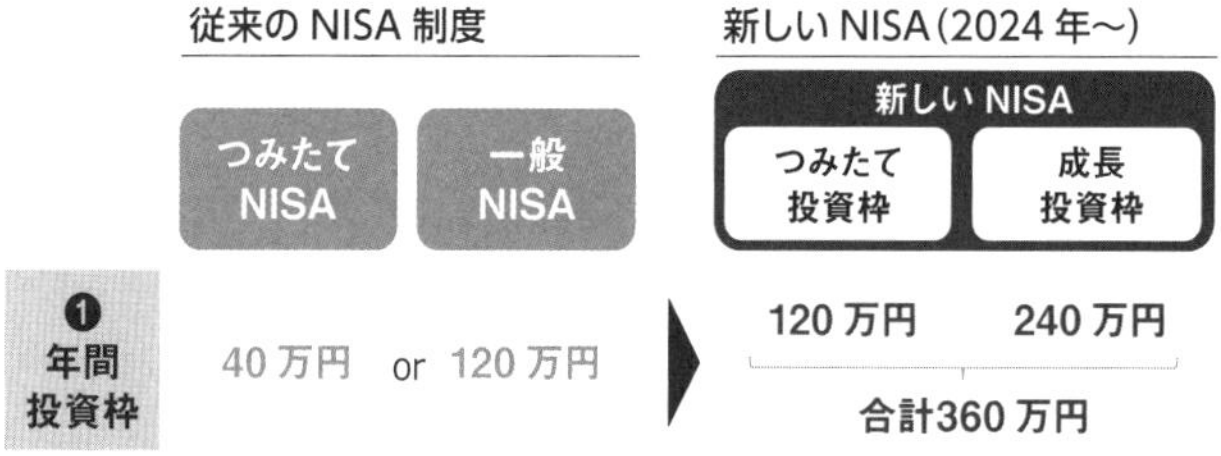


また、年間の非課税枠３６０万円のうち、**２４０万円までは「成長投資枠」**（従来の「一般ＮＩＳＡ」に相当）で、**１２０万円までは「つみたて投資枠」**（従来の「つみたてＮＩＳＡ」に相当）で利用できます。この二つの枠を組み合わせることで、年間３６０万円の非課税枠の上限まで、投資することができます。

### 生涯の投資枠が１８００万円に拡大する

新しいＮＩＳＡでは、毎年の非課税枠だけでなく、生涯の非課税枠の合計も１８００万円まで拡大します。

＊７　なお、非課税枠は、あくまでも投資元本で計算します。たとえば、ある年にＮＩＳＡ口座で１００万円を投資し、投資した資産の価値がその年の10月までに１２０万円になったとします。この場合、非課税枠のうち、使われているのは１００万円だけです。ＮＩＳＡ口座での投資によって得られた利益は、非課税枠の利用にカウントされません。

### 新しいNISAでは生涯の非課税枠が1,800万円に拡大

従来の「一般ＮＩＳＡ」では、年間の非課税枠が１２０万円で、５年間の投資ができるため、利用できる非課税枠の合計は６００万円でした。また、従来の「つみたてＮＩＳＡ」の場合は、年間の非課税枠が40万円で、20年間の投資ができるため、非課税枠の合計は８００万円でした。[*8]

これに対して、新しいＮＩＳＡでは、生涯の非課税枠が１８００万円に設定されています。

非課税枠の使い方には、一つルールがあります。**「成長投資枠」だけを利用する場合には、生涯の非課税枠１８００万円のうち、１２００万円までしか利用できません。**

**一方、「つみたて投資枠」にはそのような制限はなく、「つみたて投資枠」だけを利用して、1800万円の非課税枠をすべて埋めることが可能です。**

つまり、**生涯投資枠1800万円のうち600万円は、「つみたて投資枠」専用**となっています。もっとも、「1800万円もの非課税枠は大きすぎて、使い切れない。そもそも1800万円ものお金を想像することもできない」と感じる方も多いと思います。

しかし、1800万円の枠をすぐに使い切る必要はありません。資産形成は、少額からでもまずは投資を始めることが大切です。投資を続けて、経験や自信がついてきた段階で収入も増えていれば、毎月の投資額をもう少し増やせる可能性もあります。

新しいNISAで生涯の非課税枠が1800万円に拡大したことは、誰にとってもメリットをもたらす可能性があります。

＊8　厳密には、新しいNISAがスタートする2024年以降は、従来の「つみたてNISA」で新しい投資はできなくなったため、従来の「つみたてNISA」での非課税枠の合計は最大で240万円でした（「つみたてNISA」の制度がスタートした2018年からの6年間、フルに利用した場合）。

特に大きなメリットは、年間360万円の非課税枠のうち、**使い切れなかった分は翌年に復活する**ということです。いまはあまり多くの金額を投資できないという場合でも、自分のタイミングで自由に使えますので、非課税枠の拡大自体は前向きにとらえてよいと思います。

また、住宅購入や子どもの進学などで急な出費が必要となり、NISAの一部を解約してお金を引き出した場合、どうなるのでしょうか。従来のNISAでは、非課税枠はそのまま消えてしまいましたが、新しいNISAでは、その分の生涯非課税枠が翌年に復活します。これも、新しいNISAの大きなメリットの一つです。

## 新NISAの特長③ 制度の利用期限がなくなることで、いつでも好きなように使える

いままで述べてきたような、新しいNISAの特長、つまり、従来の「一般NISA」と「つみたてNISA」が統合されて両方とも使えるようになることや、投資できる金額が最大1800万円まで拡大することは、新しいNISAが発表されたときから、大きく取り上げられてきました。

しかし、私たち一人ひとりの資産形成の観点では、新しいNISAの最大のメリットは別のところにあります。

それは、**NISA制度が恒久化され、利用期限がなくなった**ことです。いつまでも使えることで、一人ひとりが自分のペースで資産形成ができるようになりました。新しいNISAは、私たちにとって、とても優しい制度になったと言えます。

この大きなメリットは意外と見過ごされがちです。従来のNISAの制度は、やがては消滅する一時的な制度として作られました。そのため、制度上、いろいろな制限が存在していました。

## いつでも好きなときに投資を始めて、好きなときに終えられる

最もよく知られているのは、従来のNISAの場合、利用開始から一定期間しか新しく投資をすることができない、という期間制限です。具体的には、従来の「一般NISA」の場合、利用開始から5年間しか、NISAで新しく投資することはできませんでした。「つみたてNISA」の場合には20年間でした。

## 新しいNISAは、一生涯使える恒久的な制度に

| | 従来のNISA制度 | | | 新しいNISA(2024年〜) | |
|---|---|---|---|---|---|
| | つみたてNISA | 一般NISA | | 新しいNISA<br>つみたて投資枠 | 成長投資枠 |
| ❸非課税期間 | 20年 | 5年<br>(最大10年) | ▶ | 恒久化 | |

**この期間制限があったことで、20年を超える長い期間をかけて投資をしたい、あるいは、いまから10年だけ投資をしたいという期待には応えられませんでした。**

たとえば、30歳のときに「つみたてNISA」を開始する場合、50歳になってからは、「つみたてNISA」で積立を続けることはできなくなります。一般的には、30歳のときよりも50歳のときの方が家計に余裕があり、老後に向けた資産形成に真剣に取り組み始められるタイミングであるにもかかわらず、です。

また、55歳のときに、65歳でリタイアするまでの間、10年をかけて投資をしたいと思っ

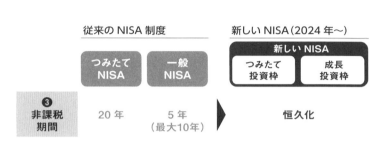

ても、適した制度がありませんでした。「一般ＮＩＳＡ」の場合、60歳になるまでの5年間しか非課税枠で投資できません。非課税期間が20年の「つみたてＮＩＳＡ」の場合は、65歳でリタイアするまでの10年間は非課税枠で投資できますが、後半の10年の非課税枠が無駄になってしまいます。

このように10年の資産運用プランを立てている場合、従来のＮＩＳＡはまさに、「帯に短し、たすきに長し」だったのです。

新しいＮＩＳＡでは、このような問題点は解消されました。制度が恒久化されたことにより、新しく投資する際の期間制限もなくなったからです。このため、**新しいＮＩＳＡの利用を開始した後、いつでも都合のいいタイミングで投資できます。**

1年の非課税枠を使い切らなくても、翌年には復活する

年間の非課税枠は、**生涯の１８００万円の枠が埋まらない限り、毎年新たに生まれ続けます。**年間の非課税枠を埋めることができなくても、気にする必要はありません。これは、従来のＮＩＳＡとの大きな違いであり、新しいＮＩＳＡのメリットと言えます。

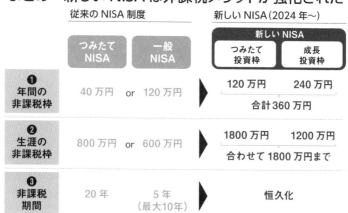

### まとめ：新しいNISAは非課税メリットが強化された

| | 従来のNISA制度 | | | 新しいNISA（2024年〜） | |
|---|---|---|---|---|---|
| | つみたてNISA | | 一般NISA | 新しいNISA つみたて投資枠 | 新しいNISA 成長投資枠 |
| ❶ 年間の非課税枠 | 40万円 | or | 120万円 | 120万円 | 240万円 |
| | | | | 合計360万円 | |
| ❷ 生涯の非課税枠 | 800万円 | or | 600万円 | 1800万円 | 1200万円 |
| | | | | 合わせて1800万円まで | |
| ❸ 非課税期間 | 20年 | | 5年（最大10年） | 恒久化 | |

従来のNISAでは、一般NISAでは120万円、つみたてNISAでは40万円の年間非課税枠がありました。この枠は、使いきれない分は消滅してしまいました。

たとえば、つみたてNISAを使って毎月2万円を投資する人であれば、年間の投資額は24万円です。40万円の枠のうち、使っていない16万円は消えてしまいます。

このような制度の場合、「枠を使い切らないともったいない」という思いから、少し無理をしてでも年間の非課税枠を埋めたくなるのではないでしょうか。しかし、枠を埋めるために、余裕資金を超えて投資するのは本末転倒です。かといって使い切れない非課税枠が消滅してしまうと損をした気分になります。

新しいＮＩＳＡでは、このように「もったいない」「損をした」と感じる問題はなくなります。**今年の枠を使い切らなくても、枠が消えてしまうということはありません。生涯の非課税枠を使い切るまでは、ずっと非課税で投資を続けられます。**

## 従来のＮＩＳＡの意外な落とし穴
## 一定の期間が経った後の利益には課税される

従来のＮＩＳＡでは、非課税で投資できる期間に制限がありました。そして、非課税期間が終了した後に得た利益には課税されます。

具体的な事例を見てみましょう。従来のＮＩＳＡで40万円を投資して、資産の価値が50万円に増えたところでＮＩＳＡの非課税期間が終了したとします。その後、資産の価値が60万円になったタイミングで売却し、現金として引き出した場合、税金はいくらかかるのでしょうか。

## 従来のNISAでは非課税期間後の利益に税金がかかる

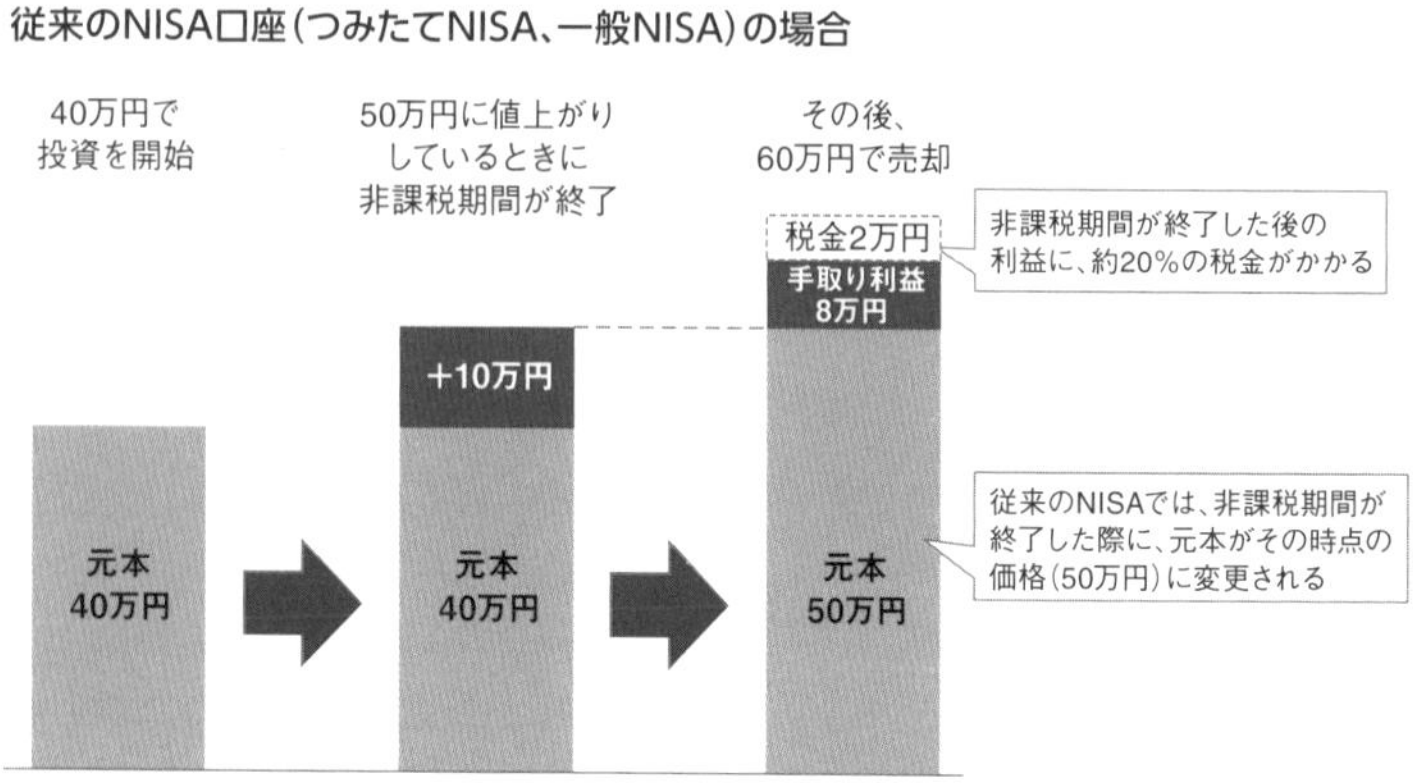
従来のNISA口座（つみたてNISA、一般NISA）の場合
40万円で
投資を開始
50万円に値上がり
しているときに
非課税期間が終了
その後、
60万円で売却
税金2万円
非課税期間が終了した後の
利益に、約20%の税金がかかる
手取り利益
8万円
+10万円
元本
40万円
元本
40万円
元本
50万円
従来のNISAでは、非課税期間が
終了した際に、元本がその時点の
価格（50万円）に変更される

答えは「約2万円」です。NISAの非課税期間の間に、40万円の元本が50万円に増えていますが、その間は税金はかかりません。非課税期間が終了すると、資産はNISA口座から通常の口座に自動的に移ります。

従来のNISAでは、このタイミングで、元本はその時点での資産の価値、つまり50万円に自動的に変更されます。[*9] その後、資産の価値が60万円になったときに売却していますので、確定した利益は変更後の元本50万円を差し引いた10万円です。これはNISA口座の外側での投資ですので、通常通り、約20%（約2万円）の税金がかかります。

同じ事例で、新しいＮＩＳＡの場合には税金はゼロです。新しいＮＩＳＡ制度は恒久的な制度ですので、非課税期間は終わることなく、ずっと続きます。**ＮＩＳＡで投資した資産は売却する時点までＮＩＳＡ口座の外に移動することはありません。**このため、40万円の元本が60万円になった場合、利益全体（20万円）について、税金がかかりません。別の事例を見てみると、新しいＮＩＳＡの強みがさらにわかります。

従来のＮＩＳＡで40万円を投資し、非課税期間の終了がリーマン・ショックのような金融危機のタイミングと重なって、資産の価値が30万円に減ってしまったとします。その後、金融危機が収まり、資産の価値が元本の40万円に戻ったタイミングで資産を売却して、現金として引き出したとします。この場合、資産は元本の40万円から1円も増えていないのに、なんと、税金がかかります。

資産が1円も増えていないのに、税金がかかるなんて信じられないという方がほとんどだと思います。なぜ、そのようなことが起きるのでしょうか。

その理由は、従来のＮＩＳＡには期間制限があるからです。そして、非課税期間が終

＊9　このように元本の価格が変更されることを、会計や税務では「洗い替え」と呼びます。

## 従来のNISAでは非課税期間後の利益に税金がかかる

従来のNISA口座（つみたてNISA、一般NISA）の場合

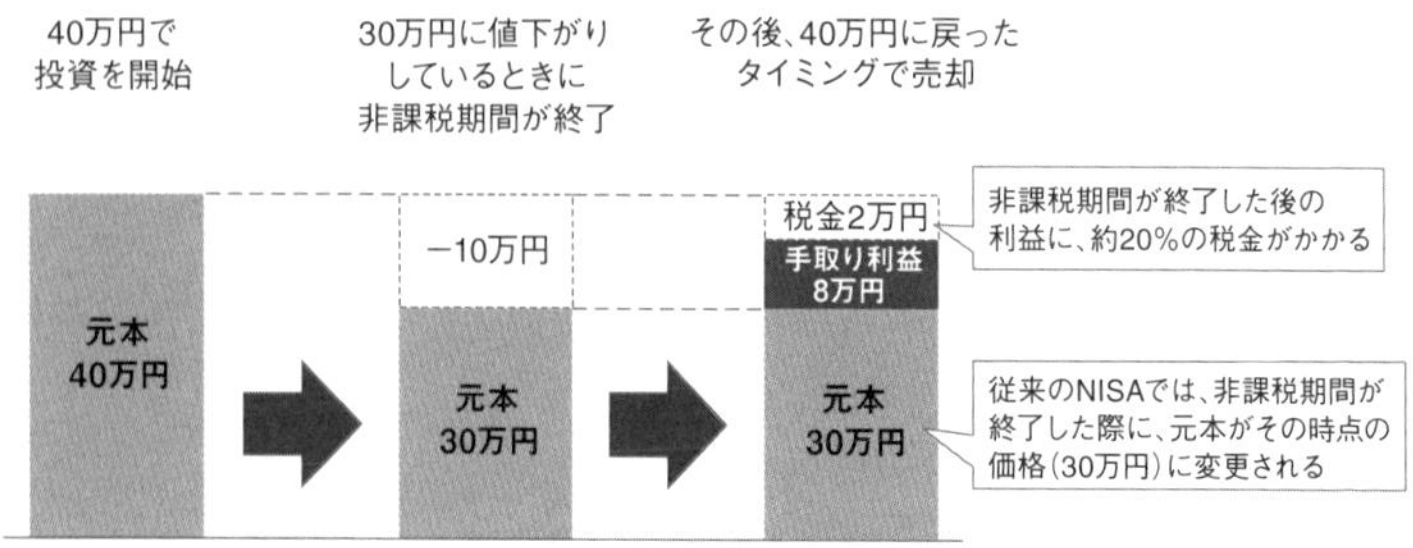
40万円で
投資を開始
30万円に値下がり
しているときに
非課税期間が終了
その後、40万円に戻った
タイミングで売却
元本
40万円
−10万円
元本
30万円
税金2万円
手取り利益
8万円
元本
30万円
非課税期間が終了した後の
利益に、約20%の税金がかかる
従来のNISAでは、非課税期間が
終了した際に、元本がその時点の
価格（30万円）に変更される

了すると、資産はNISA口座から通常の口座に自動的に移ります。その際、先ほど説明した通り、元本はその時点での資産の価値、つまり30万円に自動的に変更されます。

その後、資産の価値が40万円に戻ったタイミングで売却したわけですが、元本が30万円に変更されているため、10万円の利益が発生したとみなされます。この10万円の（架空の）利益に約20%（約2万円）の税金がかかるのです。

この事例では、もしもNISAで投資していなければ、当然、税金はかかりませんでした（40万円を投資して、利益はゼロですから、税金もゼロです）。NISAを利用したた

めに、1円も利益を得ていないのに、税金が発生してしまうのは不合理という他ありません。[*10] 実際に、このような不条理な経験をした人も、世の中にはいるはずです。

しかし、このようなデメリットがあることはほとんど知られていませんでした。また、あまりにも不条理すぎてそのようなことが起きると想像できないため、税金の計算を丁寧にしない限り、気づくことは難しいと思います。

しかし、新しいNISAでは、従来のNISAの知られざるデメリットは解消されました。新しいNISAでは、非課税期間がなくなった（無制限になった）からです。**新しいNISAでは、ずっとNISA口座の中で資産を持ち続けられるため、利益がないのに利益があるとみなされて税金がかかるという不条理も起こりません。**

*10　この、従来のNISAの知られざるデメリットは、「NISA　デメリット　金融庁」と検索すると、金融庁のHPで詳しく解説されています。しかし、そのようなデメリットはほとんど説明されることはなく、きちんと説明している書籍は非常に少数です。このため、従来のNISAに関する書籍が本当に読者のために書かれているのかをチェックするリトマス紙として活用できます。

## 新しいＮＩＳＡをどう活用するか想定される使い方の例

新しいＮＩＳＡでは、三つの特長によって、私たち一人ひとりが自分にあった形で利用できるようになりました。具体的に、想定される使い方を考えてみます。

まず、できるだけ短い期間で使い切る、または、できるだけ長い時間をかけるという、極端な例からみて見ましょう。

### 【シンプルなケース１】５年で１８００万円の非課税枠をすべて埋める最短プラン

新しいＮＩＳＡでの年間の非課税枠は３６０万円です。**毎年３６０万円ずつ投資していくと、５年で生涯の非課税枠１８００万円をすべて埋めることができます。**これが、最短プランです。

この場合、「成長投資枠」と「つみたて投資枠」はどのような使い方になるのでしょうか。

まず、「成長投資枠」の年間の非課税枠は240万円です。この枠を毎年すべて埋めると、5年間で1200万円になります。

次に、「つみたて投資枠」の年間の非課税枠は120万円です。この枠を毎年すべて埋めると、5年間で600万円になります。

「成長投資枠」1200万円と「つみたて投資枠」600万円をあわせて1800万円になり、確かに生涯の非課税枠を使い切ることができました。なお、最短プランの場合には、必ずこの方法になります。例えば、退職金を受け取ったばかりで、なるべく早く新しいNISAの非課税枠を使い切りたい、という方にとって、参考になると思います。

## 【シンプルなケース2】50年かけて1800万円を埋めるプラン

ケース1とは対照的に、長い時間をかけて投資するプランをみてみましょう。新しいNISAは18歳になると利用できますので、18歳でスタートし、50年間、積立で投資していくとします。18歳の方が枠を使い切るときには68歳になっていますが、50年後には年金の支給開始年齢は70歳になっている可能性が高く、現実的なシナリオです。

1年間の投資額は平均36万円です。毎月、3万円ずつ投資していく計算になります。ただし、毎年同じ金額ずつ投資していく必要はありません。若い時は無理のない少額で投資し、老後を意識するようになってから積立を増やしていくこともできます。

その際に考慮するべき点が三つあります。

第一に、**積立投資は、「つみたて投資枠」でも、「成長投資枠」でも、どちらでも可能**です。積立だから「つみたて投資枠」を使わなければいけない、ということはありません。

第二に、**非課税枠1800万円をすべて埋めるためには、そのうち少なくとも600万円は「つみたて投資枠」に入れる必要があります**。非課税枠の1800万円は、「つみたて投資枠」だけですべて埋めることができますが、「成長投資枠」だけだと1200万円しか埋めることができないからです。

第三に、**「つみたて投資枠」で投資できる金融商品は、「成長投資枠」と比べて限られています。**

「つみたて投資枠」で投資できる金融商品（一部の投資信託と上場投資信託）はすべて、「成長投資枠」でも投資可能です。一方で、「成長投資枠」で投資できる金融商品のうち、その一部しか、「つみたて投資枠」では投資できません。なお、「つみたて投資枠」でも「成長投資枠」でも投資できない金融商品も多く、それはＮＩＳＡの外側で、つまり通常の口座で投資する必要があります。

続いて、ＮＩＳＡはどのような人に使われるのか、もう少し一般的だと思われる事例を、いくつか見てみましょう。

## ケース１（28歳男性・Ｈさん）

■**家族構成**

30歳の妻、３歳の娘

## ■資産運用に興味を持ったきっかけ

最近、2人目の子どもの妊娠がわかりました。そこで気になっているのが、今後の教育費です。SNSで「子どもの教育費は一人当たり約1000万円」という記事を見つけ、不安になってきました。夫婦でがんばって貯金はしているものの、2人分の教育費を考えると気が遠くなりそうです。

## ■資産運用（NISA）を始めるまで

毎月の貯蓄にまわしている金額の中から、月1万円を投資にまわそうと決めました。しかし、何に投資すればよいのかわからず、まずはインターネットで「投資　初心者　おすすめ」と検索してみました。いくつかのウェブサイトを読むと、インターネット証券で口座が開けること、インデックス型の投資信託というものがコストが低く初心者におすすめであることがわかりました。

早速、ネット証券の中で最も利用者が多いという会社で、口座開設を申し込みました。同時に、税金がかからずお得だというNISA口座も、すすめられたので申し込みました。口座を開く手続きは、思っていたよりも簡単でした。

投資する商品は、人気ランキングの1位になっていた、アメリカの有名な株価指数に連動する投資信託を選びました。

まずは始めてみて、しばらく様子を見ようと思っています。始めてみたことで、自分でも投資を学んでみたいという意欲も湧いてきました。

**■Hさんへのワンポイントアドバイス**

最初の投資先として、アメリカの株価指数に連動する投資信託を選ぶのは、よいと思います。その後、月1万円の積立を続けるのであれば、始めて1年から2年ほどの間は金額が比較的少額のため、そのまま続けてもよいでしょう。

ただ、アメリカ株だけに集中していると、いずれリーマン・ショックのような大きな金融危機が起こったときに、資産が想定以上に大きく減ってしまう可能性もあります。**資産運用にまわす金額が増えてきたら、債券など違う資産にも分散し、リスクを抑えながら続ける**ことをおすすめします。

## ケース2（42歳女性・Tさん）

### ■家族構成

独身

### ■資産運用に興味を持ったきっかけ

Tさんは、いつも特に大きな出費をしているつもりはないのですが、なかなか貯金ができずにいます。最近、友人が入院したことをきっかけに、将来のことが不安になってきました。そんなとき、入院した友人から、投資にまわすお金が毎月自動的に引き落とされる、「積立」という方法があると聞き、興味を持ちました。

### ■資産運用（NISA）を始めるまで

友人からは、NISAというお得な制度があることを教えてもらいました。

始め方についてインターネットで検索したところ、ファイナンシャル・プランナー（FP）

というお金の専門家がいて、無料で相談できる場合もあるとわかりました。早速、オンラインでＦＰへの無料相談ができるイベントに申し込みました。

相談当日、同世代のＦＰさんが、リスクとリターンとは何か、株と債券の違い、といった話をしてくれました。

初めて聞く話が多く、わからない単語もあったのですが、なんとなく、リスクが高い株よりも、リスクが低い債券のほうが自分には合っていそうだと感じました。すると、ＦＰさんが、株と債券を組み合わせるバランス型投資信託という商品もあると教えてくれました。

相談後、バランス型投資信託を検索すると、商品を比較しているサイトを見つけました。その中から、普段使っている銀行でも扱っている商品を選びました。インターネットバンキングを利用しているので、ネットからＮＩＳＡ口座の開設が申し込めそうです。月３万円、ＮＩＳＡで積立投資を始めてみようと思います。

## ■Tさんへのワンポイントアドバイス

バランス型投資信託を選ぶという判断は、とてもよいと思います。そのうえで、投資信託の中身をよく見ておくことが大切です。バランス型投資信託の場合、複数の資産に同じ配分で投資するものもあれば、「株式6割、債券4割」のように配分比率が変わっているものもあります。

Tさんの場合、債券に多めに配分された投資信託を選ばれているようです。ただ、これから長く資産運用を続けるのであれば、株式に多めに配分された投資信託を選んでもよいかもしれません。**収入があり資産運用にまわせるお金に余裕があるうちは、ある程度のリスクを取ってもよい**と思います。

## ケース3（38歳女性・Sさん）

### ■家族構成

38歳の夫、8歳の娘

## 資産運用に興味を持ったきっかけ

Sさん一家は最近、マンションを購入したばかりです。35年の住宅ローンを組み、繰り上げ返済を目指しています。

住居費以外にも、最近、娘の教育資金について夫婦で話し始めました。大学進学までの学費を考えると、そろそろ準備する必要があります。高校までは公立の学校に通うとして、学習塾代を含めてもいまの収入で何とかなりそうですが、大学の入学金や学費が心配です。

改めて資産を見直してみたところ、数年前に、テレビCMで興味を持って少しだけ購入したFX[*11]が大きく値上がりしていました。ただ、チャートを見ると少し前には大きく値下がりしていたことがわかり不安なので、換金しておくことにしました。

FXの利益で50万円ほどは確保できました。大学の入学金や学費を考えると、あと10

*11 Foreign Exchangeの略。日本語では外国為替証拠金取引。
たとえば日本円と米ドルなど、異なる2つの通貨を交換して、金利差で収益をねらう取引です。証拠金を元手に、その何倍もの大きな金額を運用できる、ハイリスク・ハイリターンの投資手法です。

年で300万円は貯めることが目標です。減ると困るので、できるだけ安定して増やせる方法を探したいと考えています。

## ■資産運用（NISA）を始めるまで

まず、10年で300万円を貯めるには、月2万5000円を教育資金用の貯蓄にまわす計算になります。しかし、住宅ローンの返済や、娘の習い事の月謝などを考えると、やや苦しい水準です。

生活費を切り詰める以外に方法はないものかと、対話型のAIのアプリで質問してみました。すると、回答の一つとして「長期投資」が示されました。投資の世界では、10年以上の期間がかけられれば、利益が出る可能性が高まるそうです。いまから始めれば、娘の大学入学までにまだ10年あります。

AIからは「専門家の助言を受ける」ようすすめられましたが、夫婦ともに忙しく、投資について調べている余裕はありません。そこで、インターネットの広告で見かけた「おまかせ投資」というサービスを調べてみました。10年続けた場合のシミュレーションも見られて、目標の300万円を貯められる確率は高そうです。先日のニュースで見たNISAも利用できるということで、月1万円の積立で始めることにしました。1年様子を見て、続けるか考えようと夫婦で話しました。

### ■Sさんへのワンポイントアドバイス

**教育資金を目的とした資産運用の場合、使う時期が近づいてきたら、早めに引き出して現金にしておくことが重要**です。大学の入学金を納めないといけない時期に金融危機が起きて、資産が減ってしまうと取り返しがつきません。

これが老後資金であれば、少しずつ使いながら資産運用を続けていくこともできるのですが、使う時期がある程度決まっている教育資金の場合には、使う手前のタイミング(たとえば半年から1年前など)で現金にしておくことをおすすめします。

また、投資を始めたばかりの時にFXで50万円の利益を得たということですが、FXはリスクが非常に高く、いわゆる「ビギナーズラック」だったと考えるべきです。このまま「長期・積立・分散」の資産運用を続けていくことを強くおすすめします。

## ケース4（45歳男性・Mさん）

**■家族構成**

40歳の妻

**■資産運用に興味を持ったきっかけ**

Mさんの夫婦は共働きです。家賃や食費、光熱費などのお金は共通の口座で管理し、あとはそれぞれ自由にお金を使っています。

いまは通勤に便利な都市部に住んでいますが、退職後は緑が豊かな場所に引っ越し、自分たちの理想とする住宅を建てたいという夢があります。現在、600万円程度の貯蓄がありますが、60歳までに追加で1200万円程度を貯めたいと考えています。

**■資産運用（NISA）を始めるまで**

Mさん夫婦は、10年前に結婚してから、毎月5万円を貯蓄にまわしてきました。あと

15年で、いまの貯蓄（600万円）の倍の金額を貯めようとすると、ペースを上げなければなりません。しかし、これから収入が大きく上がることは、あまり期待できそうにありません。

そんなときに、テレビで、最近、特に若年層で投資を始める人が多いというニュースを見ました。投資というと、両親がバブル経済のときに損をしたという話を聞いて以来、避けてきました。ただ、いまの若い人は、海外に分散して賢く資産を増やしているとのことです。

翌日、Mさんの職場で、30代前半の同僚に投資をしているか聞いてみました。すると、数年前からNISAという制度を使って、世界全体の株に分散する商品に投資をしているそうです。利回りは好調で、預金に比べるとかなり増えていると聞きました。

家に帰ってから妻と話し、同僚に教えてもらったのと同じ証券会社、商品で、NISAを始めてみることにしました。まずは月5万円の貯蓄から2万円をNISAでの積立にまわしてみます。様子を見て、銀行口座の貯蓄からも、NISAにまわしてみることを考えたいと思います。

**■Mさんへのワンポイントアドバイス**

最初は2万円の積立から始めるということですので、まずは株に分散する商品だけでもよいでしょう。そのうえで、銀行預金からNISA口座にお金を移すタイミングなど、資産運用の金額を増やすときには、債券など、株以外の資産にも分散することをおすすめします。

**株だけに集中していると、相場の状況がよいときには順調にリターンを得られますが、ひとたび金融危機が起きると、リターンが想定以上に大きく減ってしまうリスクがあります。**債券の投資信託などをNISA口座で購入し、全体のリスクを抑えましょう。

## ケース5（56歳女性・Iさん）

**■家族構成**

55歳の夫

## ■資産運用に興味を持ったきっかけ

Ｉさん夫婦には子どもが２人いますが、２人ともすでに就職し、それぞれ一人暮らしを始めています。子育てが終わったタイミングで、自分たちの老後の資金が心配になってきました。

お金はすべて定期預金に預けていて、１５００万円ほどあります。数年前に「老後２０００万円問題」という言葉を知って以来、何とか２０００万円貯められれば安心できると思ってきました。一方で、２人ともあと30年から40年生きるかもしれないと考えると、本当に足りるのか不安です。退職後は、夫婦で海外旅行に行きたいと思っており、いまの預金では、生活費を払うだけで精いっぱいなのではないかとも感じています。

## ■資産運用（ＮＩＳＡ）を始めるまで

老後の生活に対して持っている不安を誰かに相談したいと思っていたところ、Ｉさんの職場の福利厚生サービスで、マネーセミナーを受講できることを知りました。ちょうど、50代向けのセミナーが開催される予定になっていたため、申し込みました。

セミナーでは、50代であれば、債券に投資するのがおすすめで、定期預金よりは高い利回りが期待できると教えてもらいました。また、資産運用を続けながらお金を引き出していく「取り崩し」という方法もあるそうです。NISA口座というものを開いて、そこで投資すれば、税金もかからないと覚えました。

これまでは、資産運用について真剣に考えたことはありませんでしたが、債券であれば、定期預金に預けておくよりもよさそうです。

セミナーからの帰り道、定期預金を預けている銀行の前を通ったところ、NISAのポスターが貼ってあることに気づきました。いつも使っている銀行でも、NISAが使えるとは知りませんでした。早速、NISAのパンフレットをもらって帰り、セミナーで聞いた通り、債券に投資できる商品を探し始めました。

## ■Iさんへのワンポイントアドバイス

債券は、株に比べてリスクが低い商品ですが、中身はよく見ておく必要があります。セミナーでは利回りについて説明されたようですが、同時に、リスクもしっかり説明されたかどうかは、確認したほうがよいでしょう。

**債券の中にも、実は複雑な仕組みが入れられていてリスクの高いものもあります**（ただ、NISAの場合には、そうしたリスクの高すぎる商品は、「つみたて投資枠」でも、「成長投資枠」でも、購入できる対象から外れているため、その点は安心できます）。

債券の中でも、国債や社債など、さまざまな種類に分散する投資信託を選ぶのがおすすめです。

さらに、**まだ50代で働いている方であれば、ある程度のリスクは取ってもよいと思います。債券だけではなく、株式にも分散して投資してみてはいかがでしょうか。**

新しいNISAは、従来のNISAと違い、幅広い年代の人が、一人ひとり自分に合った形で使える仕組みに大きく進化しています。月々の投資額が少額であっても、非課税枠は翌年に繰り越せますので、焦って使う必要はありません。教育費、住宅購入、老後の生活費など、それぞれの目的に沿った投資が可能となります。

## 非課税枠を1800万円に拡大することに、政府内で反対意見があった理由

報道によると、生涯の非課税枠を1800万円に拡大するにあたっては、政府内で反対意見も強かったようです。[*12] 新しいNISAだけで、老後2000万円問題を解決するうえで必要な規模を超えている、ということになるからです。

序章で見た通り、いわゆる「老後2000万円」は夫婦での二人暮らしを想定した簡易試算ですが、夫婦それぞれが新しいNISAを利用すると、非課税枠の合計は3600万円となり、これだけで老後2000万円を大きく上回ることになります。NISAのような非課税制度を必要以上に充実させると、税収が減り、その分、社会保障などの国の活動に必要な資金を確保しにくくなります。

しかし、新しいNISA制度については、「税収が減ってしまう」という心配は、それほど現実的なものとは思えません。そもそも、日本の個人金融資産のほとんどは預金に集中しています。

そして、預金金利はほぼゼロですので、そこからの税収もほぼゼロです。仮に金利が0・01%として、1万円の預金の利息が1円です。1億円の預金の利息が1万円、個人預金の約1000兆円への利息が約1000億円です。税率が約20%ですので、税収は約200億円。100兆円を超える日本の国家予算と比較すれば、ほぼゼロです。

このため、**新しいNISAによって預金から投資へとお金が動いた場合に、確かにNISA口座での投資からは税収は一切得られませんが、もともと預金からの税収もほぼゼロだったわけですから、新たに失われることになる税収もありません。**

国の視点からは、失われる税収はもともとなかったわけですから、個人の資産形成をサポートする制度を拡充するメリットを優先させるという政策判断は、正しいように思います。

＊12　2022年10月4日　NHKニュースWEB「NISA拡充　どうなる」

コラム

# よく聞くiDeCoとの違いは

よくNISAと並んで紹介される制度が、iDeCo（イデコ、個人型確定拠出年金）です。iDeCoも、NISAと同様に、長期の資産形成を支援するために、税制上の優遇を受けられる制度です。

先ほどご説明した通り、NISAでは、投資で得た利益に対して、本来は約20%かかる税金が免除されます。iDeCoでは、利益だけでなく、投資するお金（掛け金＝投資元本）に対しても税金が軽減されるというメリットがあります。投資したお金の全額が所得税の所得控除の対象となり、所得税と住民税が軽減されます。*13

さらに、iDeCoは、年金を受け取るときも、一定の金額までは非課税となる非常にお得な制度と言えます。

ただ、デメリットもありますので、注意が必要です。**iDeCoは年金のため、原則として60歳まではお金を引き出すことができません。**たとえば住宅の購入や子どもの教育資金など、まとまったお金が必要になった場合にも、iDeCoの口座から引き出すことはできない仕組みになっています。

いざ必要なときに自分のお金を引き出せないというのはどういうことなのか、実感が湧かない方も多いのではないでしょうか。一定の年齢までお金を引き出せないのは、その意味ではリスクとも言えます。*14 **NISAであれば、自分のタイミングでいつでもお金を引き出すことができます**ので、これから資産運用を始める方には、NISAのほうが使いやすい制度と言えるでしょう。

もちろん、iDeCoも税制上のメリットが大きい制度ですので、NISAと両方使

＊13　所得税の税率は、所得によって5～45％の範囲の税率が軽減されます。住民税の税率は、一律10％軽減されます。
＊14　金融の専門用語では「流動性リスク」と呼びます。

える場合は使ったほうがよいと思います。両方の制度の違い、メリットやデメリットを理解したうえで、資産形成に活用することをおすすめします。

# 第3章

# 資産運用の王道「長期・積立・分散」とは

## 第3章のポイント

### 難易度1 ★☆☆

- 最もスタンダードな投資の方法が「長期・積立・分散」です。10年以上の長い時間をかけて（長期）、同じ間隔でお金を投じて（積立）、世界中に資産を分ける（分散）ことで、リスクを抑えて資産を増やすことを目指せます。

## 時間と世界経済を味方につける

資産運用をこれから始める方に、最初に取り組んでいただきたいのが「長期・積立・分散」の資産運用です。**「長期・積立・分散」は、世界の富裕層や、100兆円規模の大きなお金を動かす機関投資家などが実践してきた、最もスタンダードな投資の方法です。**

機関投資家というのは、個人や企業から集めた大量の資金を使って、株式や債券などで運用をする、いわば資産運用のプロです。たとえば老後の大切な年金を運用する年金基金なども、機関投資家に当たります。

世界の富裕層や機関投資家と聞くと、自分とは縁のない世界だと思われるかもしれませんが、そんなことはありません。いまは普通の個人でも、富裕層や機関投資家と同じように、「長期・積立・分散」の資産運用を実践できるようになっています。

私は、2015年にウェルスナビを起業しました。起業前には、コンサルティング会社のマッキンゼーで、ウォール街に本拠を置く資産規模10兆円の機関投資家をサポートしていました。

世界水準の資産運用の仕組みを構築するプロジェクトに携わる中で、気づいたことがありました。資産運用のアルゴリズム（複雑な数式の組み合わせ）は、資産の規模にかかわらず同じものが使えるということです。**運用する資産が10兆円でも1億円でも1万円でも、運用の考え方も数式も同じ**です。当てはめる数字（資産の額）が違うだけです。それが「長期・積立・分散」の資産運用でした。

「長期・積立・分散」とは、

**①できるだけ長い時間（少なくとも10年以上）投資を続ける**
**②一定の金額を決まった間隔で投資する**
**③世界中のさまざまな資産に分けて投資する**

方法です。

## 「長期・積立・分散」を30年続けると、資産は約3.2倍に

1992年1月末から2022年1月末までのシミュレーション（当初1万ドル、毎月300ドル積立）

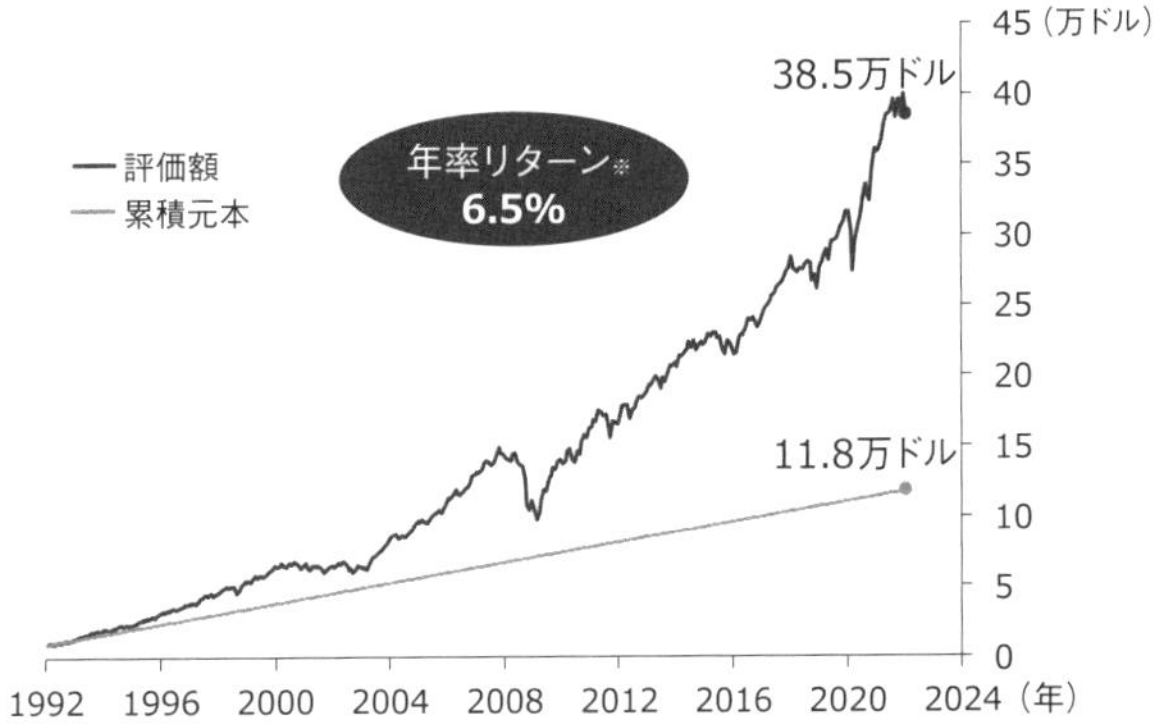


（注） 2017年4月時点のウェルスナビのリスク許容度3の推奨ポートフォリオ（米国株30.6%、日欧株21.5%、新興国株5.0%、米国債券29.1%、金8.8%、不動産5.0%）で毎月リバランスした想定で試算。年率1%（税別）の手数料を控除。税金は考慮せず

実際に、世界最大規模の運用資産を持つノルウェー政府年金基金など、多くの機関投資家や富裕層が「長期・積立・分散」の資産運用を行い、長期的に高いリターンを上げています（後述）。

「長期・積立・分散」を続けるとどうなるのか、1992年から2022年まで、30年運用を続けた場合のシミュレーションを見てみましょう（世界の基軸通貨であるドル建で、まず最初に1万ドルを投資して、その後、毎月300ドルを積み立てた場合のシミュレーションです）。元本に対して、資産は約3・2倍に成長していました。

ただし、30年のシミュレーションをよく

見ると、資産はずっと増え続けていたわけではありません。一時的に減っている箇所がいくつかあることがわかります。

そこで「長期・積立・分散」の効果と気をつけるべきポイントを順に見ていきましょう。

## 長期の資産運用は、10年以上続けられるかどうかがポイント

長期の資産運用は、10年以上続けられるかどうかが重要です。**長期投資を続けることで、経済危機の影響を乗り越えていくことができる**からです。

過去30年を振り返ってみると、経済危機と言われるような出来事が、少なくとも6回は発生しました。1997年のアジア通貨危機では、日本でも大きな銀行が経営破綻しました。翌年の1998年にはロシアの通貨危機が起こり、アメリカで世界最大規模を誇っていたヘッジファンドが破綻し、アメリカ政府が救済に乗り出しました。2000年にはドットコム・バブルの崩壊がありました。

## 複数回の経済危機も、長期投資では影響が一時的

1992年1月末から2022年1月末までのシミュレーション（当初1万ドル、毎月300ドル積立）

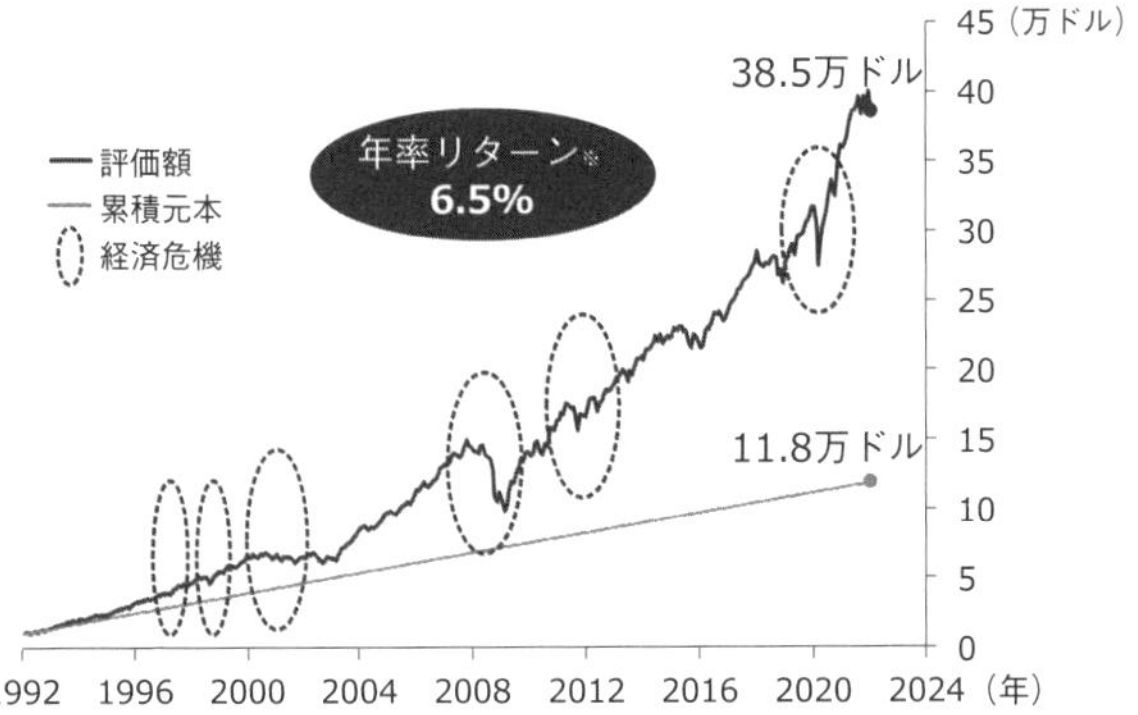


（注）　2017年4月時点のウェルスナビのリスク許容度3の推奨ポートフォリオ（米国株30.6%、日欧株21.5%、新興国株5.0%、米国債券29.1%、金8.8%、不動産5.0%）で毎月リバランスした想定で試算。年率1%（税別）の手数料を控除。税金は考慮せず

21世紀に入ってからも、経済危機は続きます。２００８年にはリーマン・ショックが発生し、世界経済が大きな打撃を受けました。その後も、ヨーロッパや中国の経済危機、最近のコロナ・ショックなどがありました。

資産運用をしていると、こうした経済危機のたびに、資産の評価額は下がります。それでも、長く続けることで、資産は大きく成長してきました。

その理由は、**世界経済が金融危機を乗り越えて、中長期的には成長し続けてきたから**です。

今後、私たちが10年、20年、30年という長い時間をかけて資産運用を行うときも、このことを覚えておく必要があります。「経済危機はもう起こらない」という前提に立つのではなく、むしろ**「これからも何度も経済危機は訪れるかもしれない」という前提で考えたほうが合理的ですし、現実的です。**

30年のシミュレーションをお見せすると、「うまくいった事例を都合よく見せているのでは」と思う人もいるかもしれません。しかし、**どの10年を切り取っても、資産運用の結果はプラス**になっています。リーマン・ショックの直前の株価が高い時期に資産運用を始めて、その後の株価急落で大きく資産が減っていても、そのまま続けることで、10年後にはプラスになっています。

このことから、長期投資の目安は、「10年かそれ以上」と言えます。

ウェルスナビの資産運用セミナーでは、60代の方からよく「長期投資はいまから始めても間に合いますか」という質問をいただきます。その際、「10年以上続けられるかどうかが判断基準です」とお答えしています。

もしも資産を使う時期が5年後に迫っているのであれば、資産運用はあまりおすすめできません。反対に、まだまだ働き続ける予定で、10年以上は資産運用を続けられるということであれば、いまから資産運用を始めてもよいということになります。

## 分散投資でリスクを抑え、金融危機を乗り越える

このような長期投資の効果を得るうえでの大前提は、**世界経済全体に幅広く分散して投資する**ことです。

そもそも投資でリターンを得るためにはリスクを取る必要があります。**リスクを抑えて、同じリスクの中でできるだけ高いリターンを目指す方法が、分散**です。

その際、投資する対象を、世界中の国の、さまざまな資産にバランスよく分散することで、長期的にリスクを抑えることができます。たとえばウェルスナビの場合は、世界約50カ国、1万2000以上の銘柄に分散投資をしています。

重要なポイントは、**国や地域だけではなく、資産の種類も分散させる**ことです。株だけではなく、債券や不動産、金といった、株とは違う値動きをする資産も組み合わせることで、分散投資の効果をより得やすくなります。

リーマン・ショックを例にとると、アメリカを代表する株式の指数であるS＆P500は、2008年1月末時点を100とすると、2009年3月には51と、約半分に下がりました。このとき世界中の株価が軒並み下落する中で、ほとんど注目されませんでしたが、実は米国政府が発行する債券や金の価格は逆に上昇していました。このため、株だけでなく債券や金、不動産などに分散した場合のシミュレーション（125ページ）によると、同じ時期の下落率は約3割ほどにとどまっています。

このとき、S＆P500だけに投資していても、資産を売らずに持ち続けていれば、その後の相場は回復していきました。しかしリーマン・ショックのような危機のときに価値が半分になった資産を持ち続けるのは、容易ではありません。

そうではなく、国や地域の分散、資産の種類の分散を行っておくことで、金融危機が発生したときのショックを和らげ、それを乗り越えやすくなります。

ただし、リーマン・ショックが起こってから、慌てて債券や金を買っても、その時点では高値で買うことになりかねません。**何か起こってから投資対象を分散するのではなく、予め、さまざまな資産に分散しておくことが大切**です。

## 積立投資でさらにリスクを抑える

さらに資産運用のリスクを抑えるために有効なのが、積立です。**積立投資では、毎月同じタイミングで決まった金額を投資します。そうすることで株価や為替などの相場が変動するリスクを抑えることができます。**

為替リスクを例に見てみましょう。

先ほどの「長期・積立・分散」のシミュレーションでの30年間に円とドルの関係がどうだったのか見てみると、1992年の初めには1ドル125円だったのが、2022年

## ドル円為替レートの推移（1992年1月末~2022年1月末）

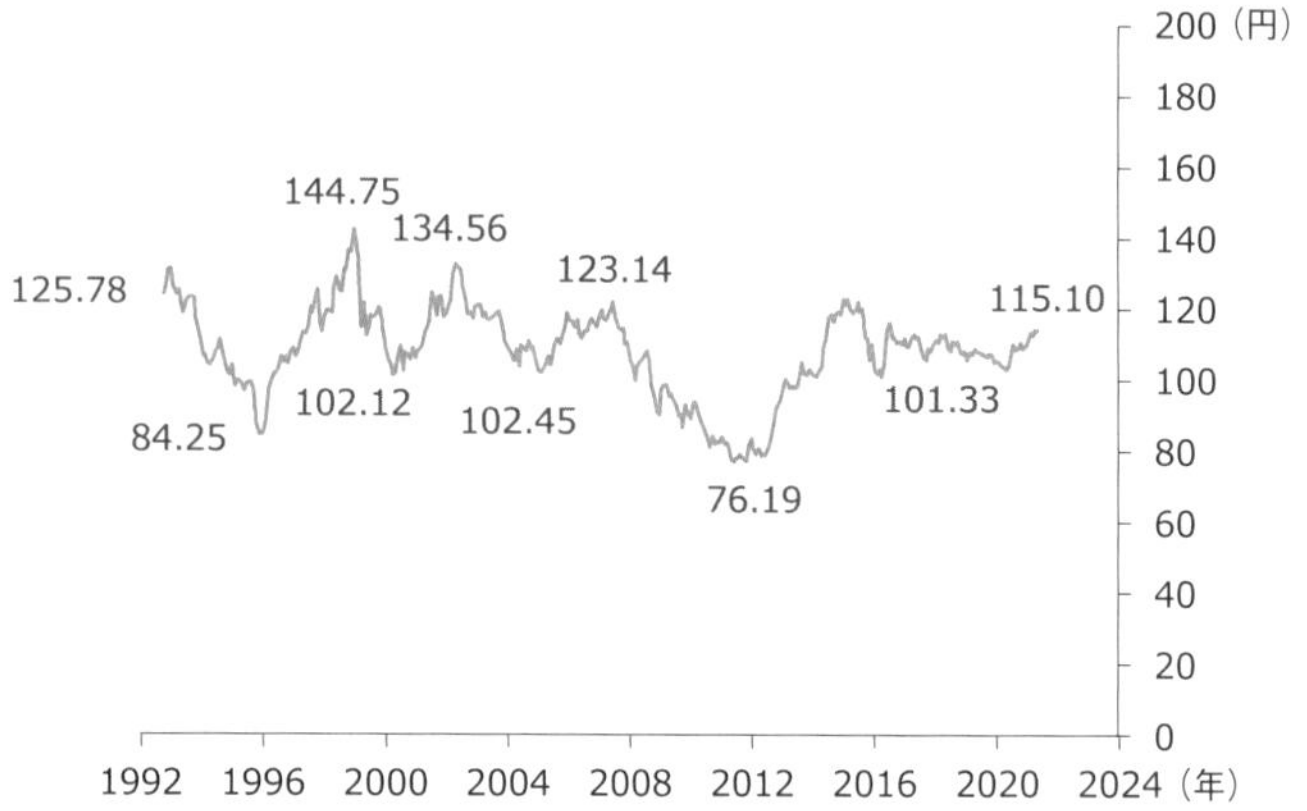


（注）　Refinitiv のデータをもとに作成（2022 年 4 月）

初めには、１ドル１１５円になっています。つまり、先ほどの30年のシミュレーションはドル建てで見ていましたが、円建てで見ると為替だけで約10％の損失が発生したことになります。

そこで、「長期・積立・分散」の効果を円建てで見てみましょう。

円建てでシミュレーション結果を見ると、30年間で元本に対して約3・3倍に増えています。ドル建てでは約3・2倍でしたので、円建てでもドル建てでもほぼ同じ結果です。為替で比較すると、円に対してドルの価値が下がっていたにもかかわらず、なぜこのような結果になったのでしょうか？

## 積立で投資することで、為替の影響は分散・低減できる

1992年1月末から2022年1月末までのシミュレーション（当初100万円、毎月3万円積立）

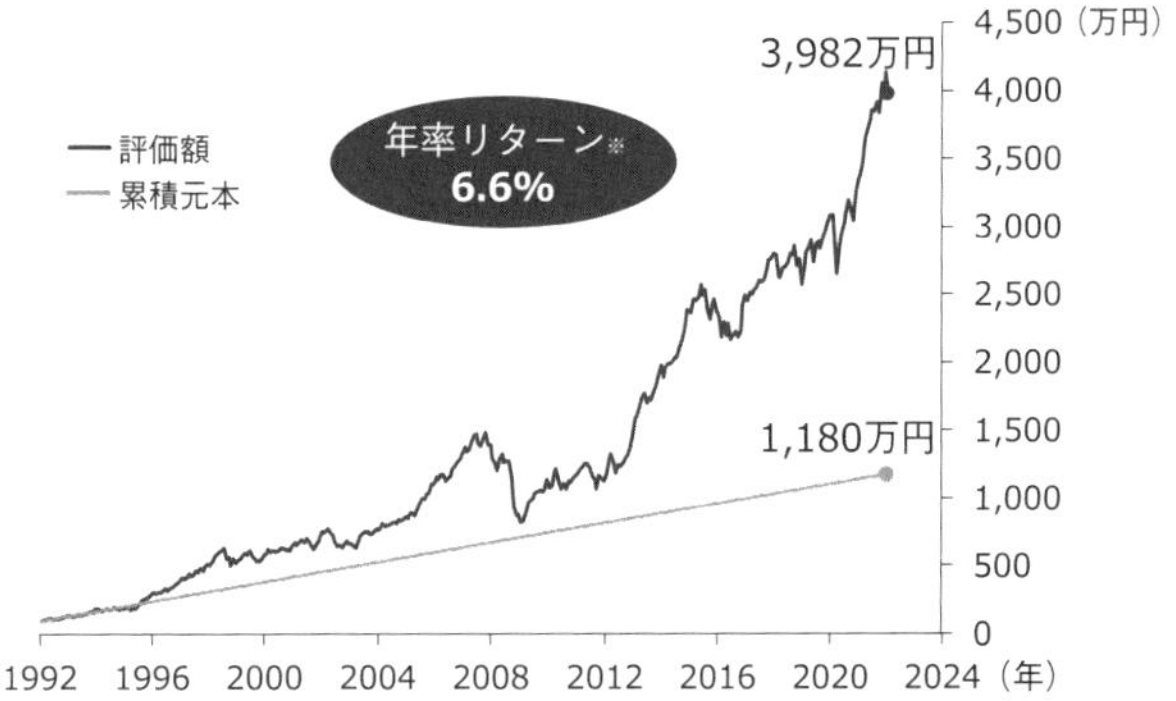


（注） 2017年4月時点のウェルスナビのリスク許容度3の推奨ポートフォリオ（米国株30.6%、日欧株21.5%、新興国株5.0%、米国債券29.1%、金8.8%、不動産5.0%）で毎月リバランスした想定で試算。年率1%（税別）の手数料を控除。税金は考慮せず

その答えは、積立にありました。この30年のシミュレーションでは、毎月3万円ずつ積み立てています。

前ページの為替のグラフにあったように、30年間で、1ドル70円台まで円高が進んだこともあれば、1ドル140円台まで円安が進んだこともあり、為替は大きく動いていました。**積立投資をしていれば、円高のときには割安で、円安のときには割高で投資を行うことになります。**

円高になっているときは、円建てで見ると資産が減っているように思えます。そのようなときには追加で投資する気分にはなりにくいものです。しかし、冷静に考える

と、円高のときには、円の高い価値を活用して、割安で海外に投資するチャンスです。

これは海外旅行を思い浮かべてみるとわかります。海外旅行で10ドルのお土産を買うときに、1ドル140円であれば、10ドルのお土産を買うには1400円を払う必要があります。円高のとき、たとえば1ドル70円のときには、同じ10ドルのお土産でも700円と、半額で買うことができ、お得です。

海外に投資するときも同じです。円高のときに海外に投資すれば、普段よりも割安で投資することができます。

しかし、頭で理解できていても、実際に行動するのは簡単ではありません。円高のときには、「もっと円高が進んだら、損してしまうのではないか」と心配になりがちです。先延ばしをしているうちに、今度は円安になると「どうして、円高のときに投資しておかなかったのだろう。また円高になるのを待とう」と考えて、タイミングを逃してしまいます。

このような**心理的な罠に陥ることを防ぐために有効なのが積立**です。積立であれば、円安のときも円高のときも淡々と同じ金額で投資をしていきますので、投資のタイミングを逃してしまったり、逆に、焦って割高なタイミングで投資の額を増やしすぎてしまったりすることもありません。

円高のときも円安のときも、相場がいいときも悪いときも、淡々と同じ金額での積立を続けることで、為替などのリスクをある程度抑えることができるのです。

## 「長期・積立・分散」の100兆円規模での実践例

ここまで説明してきたとおり、「長期・積立・分散」の資産運用では、まず、世界中のさまざまな資産に分散して投資することで、リスクを抑えます（分散投資）。

そして、短期的な利益を追求するのではなく、長期的に資産を増やしていくことを目指します。その際、「少なくとも10年」という期間が一つの目安となります（長期投資）。

さらに、積立によって、為替や株価などの相場が変動するリスクの影響を抑えることが

## リスクを抑えるには資産の分散が大事

ノルウェー政府年金基金の例（2022年12月末）

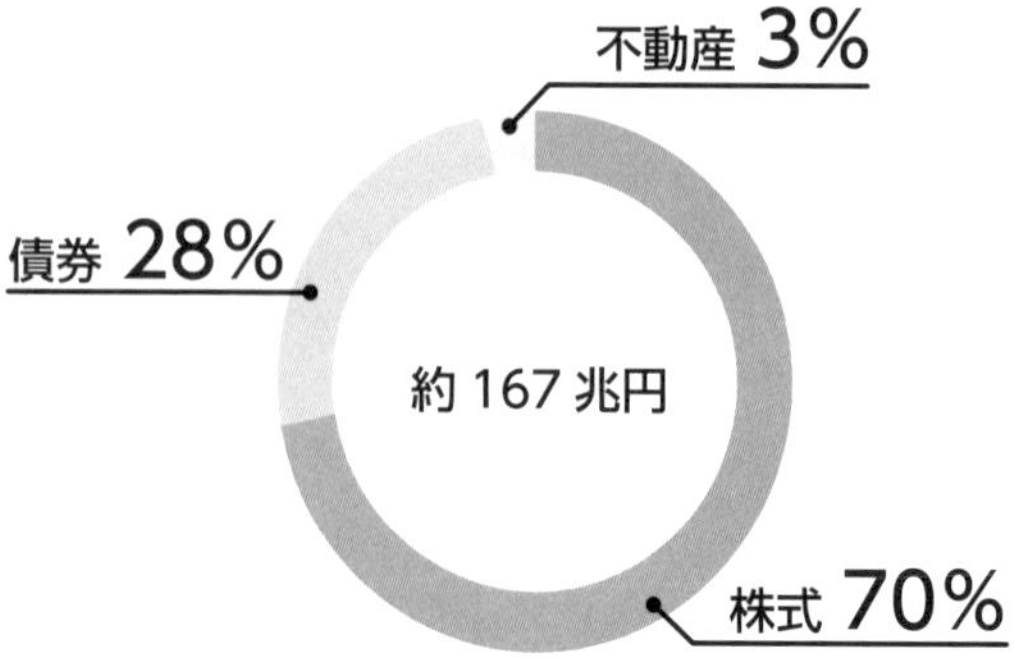


70カ国9,228銘柄に分散

（注）　ノルウェー政府年金基金が公表している "Annual report 2022"（2023 年 2 月発行）より作成。なお、資産配分比率は小数点以下第 1 位を四捨五入しているため、合計は必ずしも 100 にはなりません

できます（積立投資）。

このような「長期・積立・分散」の資産運用を、100兆円を超える規模で実践している例として、ノルウェーの政府年金基金をみてみましょう。

ここで、なぜ、ノルウェーの政府年金基金が出てくるのか、唐突に思われる方もいるかもしれません。あまり知られていませんが、ノルウェーは北海油田を保有する産油国です。そして、人口が約500万人と少なく、原油を輸出しています。その収入を今の世代がすぐに使ってしまうのではなく、将来の年金の財源にするために、1998年から資産運用に回しており、2023年現在では160兆円もの運用規模になっています。[*1]

このように世界最大級の機関投資家の一つである、ノルウェーの政府年金基金の資産運用を詳しく見てみましょう。資産の種類別にみると、株式が70％、債券が28％、不動産が3％と、分散して投資しています。さらに銘柄別に詳しくみると、アップルやマイクロソフト、アルファベット（グーグル）、アマゾンをはじめとする、70カ国、9228銘柄に投資しています。世界全体のさまざま資産に幅広く分散しているのです。[*2]

重要なポイントは、**特定の資産に集中して投資されているわけではない**ということです。株式だけ、あるいは不動産だけというように、特定の種類の資産に限定していません。ましてや、米国株だけに集中投資することもありません。

ノルウェーの政府年金基金の話をすると、決まって同じような質問を受けます。

＊1　世界最大の年金基金は、米国政府の社会保障信託基金（Social Security Trust Fund）であり、日本政府の年金基金（年金積立金管理運用独立行政法人：GPIF）がそれに続きます。しかし、いずれも運用方針が政府の影響を受けやすく、長期的な運用リターンもノルウェー政府年金基金には及ばないため、本章では世界第3位のノルウェー政府年金基金を紹介します。

＊2　2022年12月末現在。

**世界最大級のファンドでも過去25年のうち6年はマイナスのリターン**

ノルウェー政府年金基金の毎年のリターン

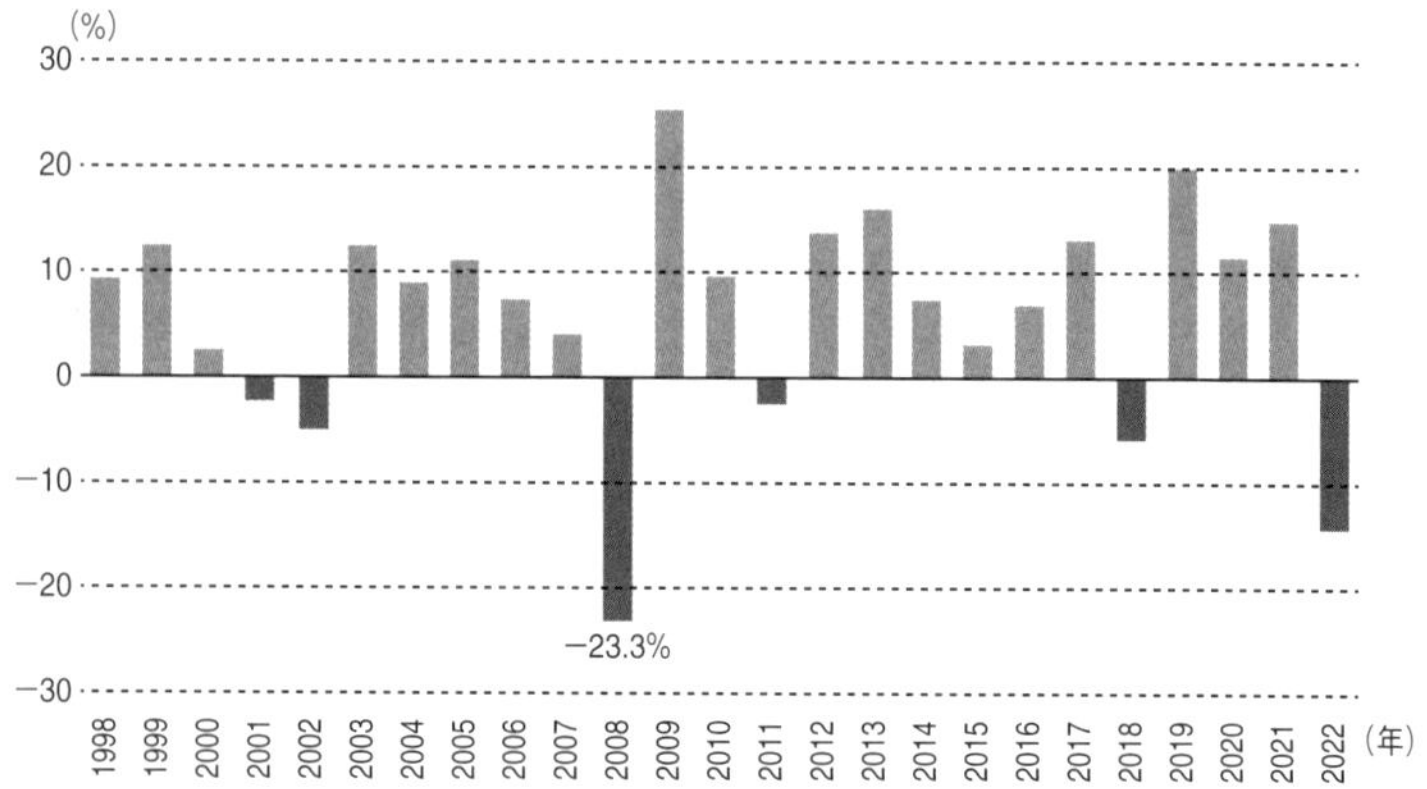


「100兆円を超える資産があれば、世界中でもっとも優秀な資産運用の専門家からサポートを受けられますよね。たとえリーマン・ショックのような金融危機があっても、資産を減らさずに運用できるのでしょうか？　その方法を教えてほしいです」

確かに、誰もがそう思うと思います。しかし、実際のリターンをみてみると、リーマン・ショックが起きた2008年には23％もの損失が生じています。過去25年のうち、6年間はマイナスのリターンでした。

では、100兆円を超える資産を、一体どのような方針で運用しているのでしょうか。

それは、**リスクを抑えつつ、長期的なリター**

**世界最大級のファンドは長期的なリターンの最大化を目指している**

ノルウェー政府年金基金の運用パフォーマンス（累積）

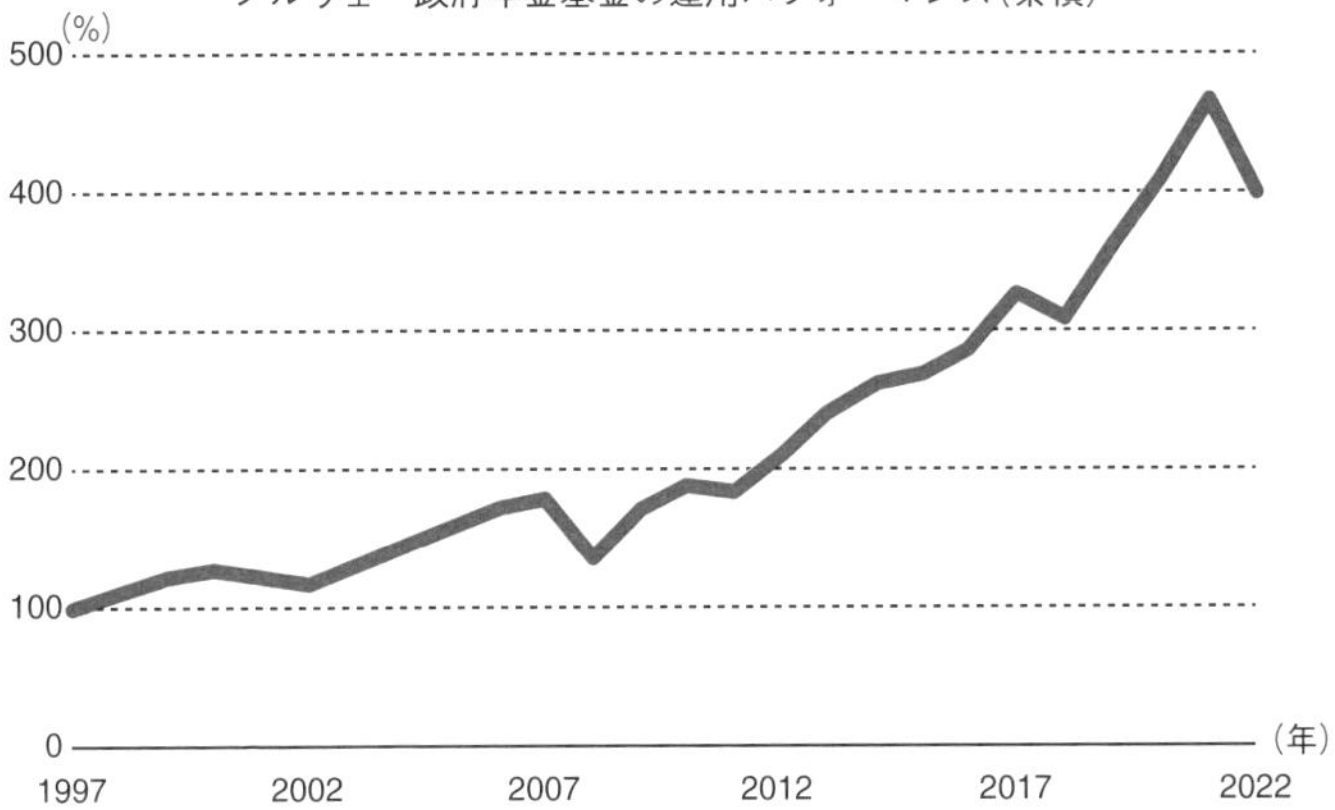


**ンの最大化を目指した資産運用**です。

そこで今度は、毎年のリターンではなく、長期のリターンに注目してみましょう。1997年末から2022年末までの25年間のリターンは、プラス400％でした。年平均では5・7％となります。確かに2008年にはリーマン・ショックで資産が大きく目減りしましたが、25年間を振り返ってみると、一時的な損失に過ぎなかったことがわかります。

ノルウェーの政府年金基金が長期的なリターンを目指していることは、そのガバナンスからもわかります。

リーマン・ショックの時、ノルウェーの政府年金基金は10兆円もの損失を被りました。しかし、最高経営責任者（CEO）は巨額の損失を理由に解任されることはなく、資産を回復させ、さらに大きく増やしたうえで、2020年に退任しました。短期的な目線ではなく、長期的な目線で資産運用を行っていることが、現実の人事からも明らかです。

このように、**ノルウェーの政府年金基金は、長期的に資産を増やすために（長期投資）、原油収入を積立で投資に回し（積立投資）、その対象は世界中の株式や債券、不動産に幅広く分散させる（分散投資）という、まさに「長期・積立・分散」の資産運用を100兆円を超える規模で実践している**のです。

これは、私たち個人が資産運用するうえで参考にするべきベスト・プラクティスだと言えます。

## 「長期・積立・分散」の実践には、NISAを活用できる

もともと、NISA制度は、国民の長期的な資産形成を促進するために誕生した制度でした。特に、2018年につみたてNISAが始まってからは、「長期・積立・分散」という言葉が広く浸透し始めたと言えるのではないでしょうか。

一人ひとりが自分のペースで、時間をかけて投資を行えるようになる新しいNISAは、「長期・積立・分散」に取り組むうえで適した制度です。より多くの人が「長期・積立・分散」の有効性を理解し、NISAを上手に活用しながら、将来に向けた資産形成に取り組まれることを期待しています。

コラム

# あるべき資産運用の全体像とは——コアとサテライト

本書では、「長期・積立・分散」の資産運用を王道として紹介していますが、投資には、さまざまな対象商品や方法があります。投資や資産運用について考えるとき、株式投資や外貨預金を真っ先に思い浮かべる人も多いと思います。

欧米などで、あるべき資産運用の姿として定着しているのは、「長期・積立・分散」の資産運用を中心に据える方法です。**「長期・積立・分散」を全体のコア（核）、個別の株式や外貨預金などへの投資をサテライト（衛星）**として考えます。

そのうえで、コアとサテライトは、投資の方法がまったく異なり「混ぜるな危険」です。完全に分けて考えたほうがよいと思います。

**あるべき資産運用の全体像ーコア・サテライト運用**

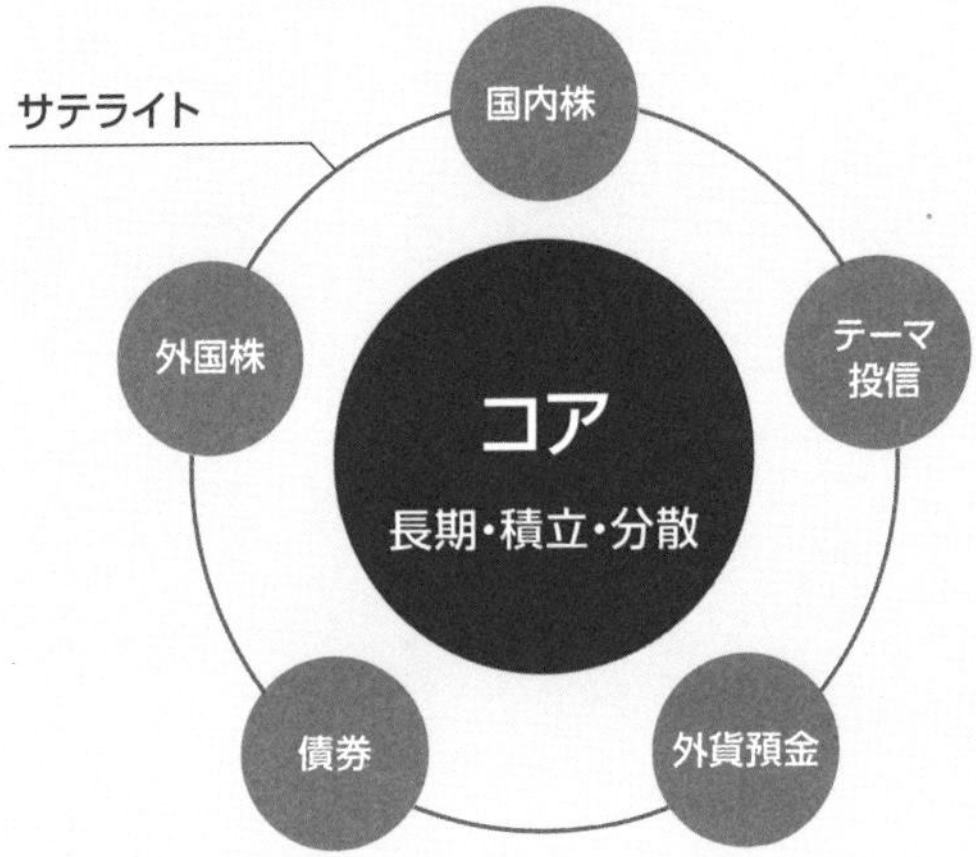


コアの部分は、始めるタイミングや短期的な相場は気にせず、10年以上の期間をかけて長く持ち続けます。一方で、サテライトの部分は、売り買いのタイミングによってリターンを得ることを重視し、運用期間は1年未満の短期となります。コアの「長期・積立・分散」でしっかりと資産運用の土台を作り、余裕があればサテライトで追加のリターンを狙うイメージです。

**資産全体の7割以上をコア、3割以下をサテライト**の運用とすることをおすすめします。サテライトの運用は値動きが大きく、相対的にリスクが高くなるため、資産運用の中心に置くことはおすすめできません。

海外の機関投資家や富裕層、日本の年金基

金なども、コアとサテライトを組み合わせて資産運用を行っています。安定的な運用を行うコアの部分と、上乗せのリターンを狙うサテライトの部分に資産を分けて管理することで、相場環境の変化に応じて機動的に資産配分を動かしています。

また、**必ずコアとサテライトを組み合わせなければいけないわけではなく、個人の資産運用では、コアが100%でもまったく構いません**（実際に、私自身も仕事上、必要なものを除くと、「長期・積立・分散」以外の投資は行っていません）。重要なのは、「長期・積立・分散」をメインにすることです。日本では、サテライトの部分の投資がイメージされやすいのですが、王道の「長期・積立・分散」でリスクを抑えて、長期的に資産を築いていくことをおすすめします。

# 積立の重要性に気づいたきっかけ

「積立投資」という言葉は、いまでこそ資産運用の取り組み方として知られるようになりましたが、つい数年前までは一般的な言葉ではありませんでした。

**2017年、金融庁が有識者会議の中で「長期・積立・分散」の議論を開始しました。そして翌年の2018年に、積立投資を前提とする「つみたてNISA」制度がスタートしました。このプロセスの中で、「一定の期間ごとに一定の金額を投資していく」行動が、「積立投資」として認識されるようになったのです。**

実は、それより少し前の2016年、ウェルスナビでは自動積立の機能をリリースしています。きっかけは、ある利用者の行動データを見たことでした。

ウェルスナビのサービスは、正式リリースの前に、限られた利用者に対して招待制で提供していました。最初の半年近くはあくまでもベータ版（試用版）という位置づけでしたので、まずは少人数のお客様に使っていただき、実際に想定通りに利用していただけるか確認しつつ、サービスや機能面で改善するべきポイントを探していました。

そこで、あるデータが目に留まりました。ある利用者の方が毎月の同じ日に、同じ金額を入金していたのです。他にそのような利用者は見当たらず、最初は「一体何が起きているのだろう」と思いました。当時は銀行口座からの引き落としはできなかったので、自分自身でＡＴＭやインターネットバンキングから入金する必要がありました。つまり、その利用者の方は、手動で積立を行っていたのです。

当時は、積立というコンセプトがまだ浸透していませんでした。アメリカでも、私の義理の両親は若い頃から長期投資を続けていましたが、毎月同じ金額を積み立てるというよりは、余ったお金を定期的に投資にまわす感覚で続けてきたようです。

行動データを見て、「この利用者はなぜ毎月同じ行動を取っているのだろう」と考えました。そこで、**定期的に同じ額を入金することで、「安いときは多く買い、高いときは買う量を抑える」効果を狙っている**のだと気づきました。

「積立投資にはきっとニーズがある」。そう感じた私は、自動積立の機能を開発することにしたのです。

この利用者の方には、後日、直接会いに行きました。北陸のある駅前のカフェで、ウェルスナビのサービスや資産運用の考え方について話を伺いました。その方は、大学の医学部の先生でした。海外の富裕層が行っているような資産運用が日本にもないか探していたところ、新聞の記事でウェルスナビのことを知ったと話していました。

毎月の入金が自動積立の機能を開発するきっかけになったことを伝えると、とても喜んでいただきました。

# 第4章

# 「長期・積立・分散」を実践するためのポイント

## 第4章のポイント

難易度2 ★★☆

- 「長期・積立・分散」の資産運用を行ううえで、重要なのはリスクを抑えることです。ウェルスナビのセミナーで最もよくいただく質問の一つである「積立投資と一括投資はどちらがよい？」に対する答えを示します。ポイントは、どちらが長く続けられそうか、ということです。
- 「長期・積立・分散」のなかでも、特に重要なのは分散の方法です。世界中のさまざまな種類の資産に分散することが大切です。日本の株だけ、アメリカの株だけ、といった特定の資産への集中投資ではなく、幅広く分散することで、リスクを抑えられます。

# 一括と積立、迷ったらどっちがいい？

ウェルスナビのセミナーでもよく、「一括投資と積立投資はどちらがおすすめですか？」という質問をいただきます。預金口座にまとまったお金があって、これから投資を始めようというときに、まとめて入金するか、分割して積み立てるかを悩む方が多いようです。

このような問いには、**「迷ったら一括投資だけでなく、積立投資も組み合わせるのがおすすめです」**とお答えしています。積立によってリスクを下げることができるからです。

ただし、積立のほうが一括よりも資産が多く増えるとは限りません。本質的に重要なのは、どうすれば長期投資を続けられるかです。詳しく説明します。

## 積立投資でリスクを抑えられる

積立投資は、金融危機で相場が大きく下がったときに特に効果を発揮します。具体的に

## 積立で投資した場合、リーマン・ショック直前に開始しても、元の水準に戻った時点でプラスのリターン

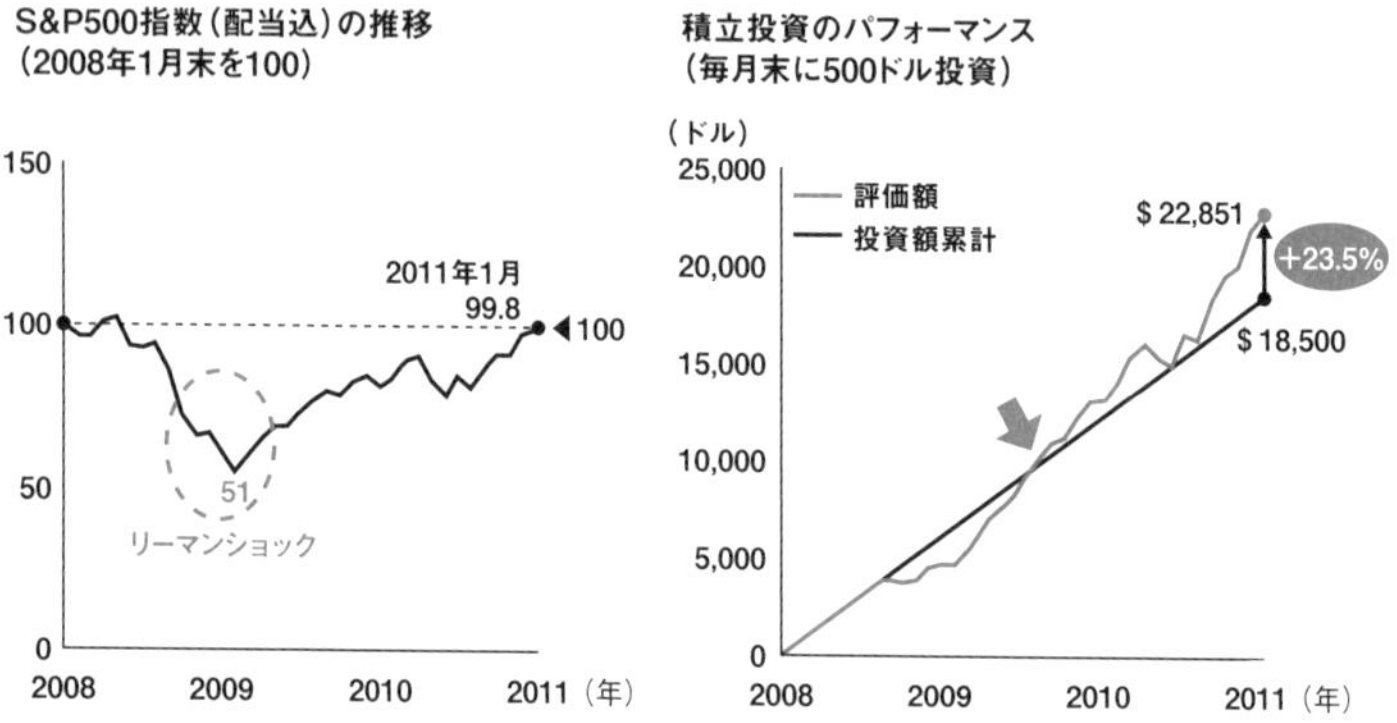


（注）　リターン（右図）はS＆P500指数（配当込）に対して、2008年1月から2011年1月まで毎月500ドルを積立投資した場合の資産増加率

見てみましょう。

上の図は、リーマン・ショック直前の2008年1月から3年間のS&P500指数（アメリカの代表的な株価指数の一つ）の推移と積立投資のパフォーマンスを示したものです。

リーマン・ショックの直前に積立投資を開始した場合、相場が元の水準に戻った時点でプラスのリターンになっていました。

金融危機に限らず、相場が下がって、やがて回復していく時、一括で投資をすると、資産が減った後で元に戻るだけです。

それに対して積立を続けた場合は、株価が下がったタイミングで、追加で安く投資

**相場が下落した場合、積立のほうが一括よりも安く購入することができる**

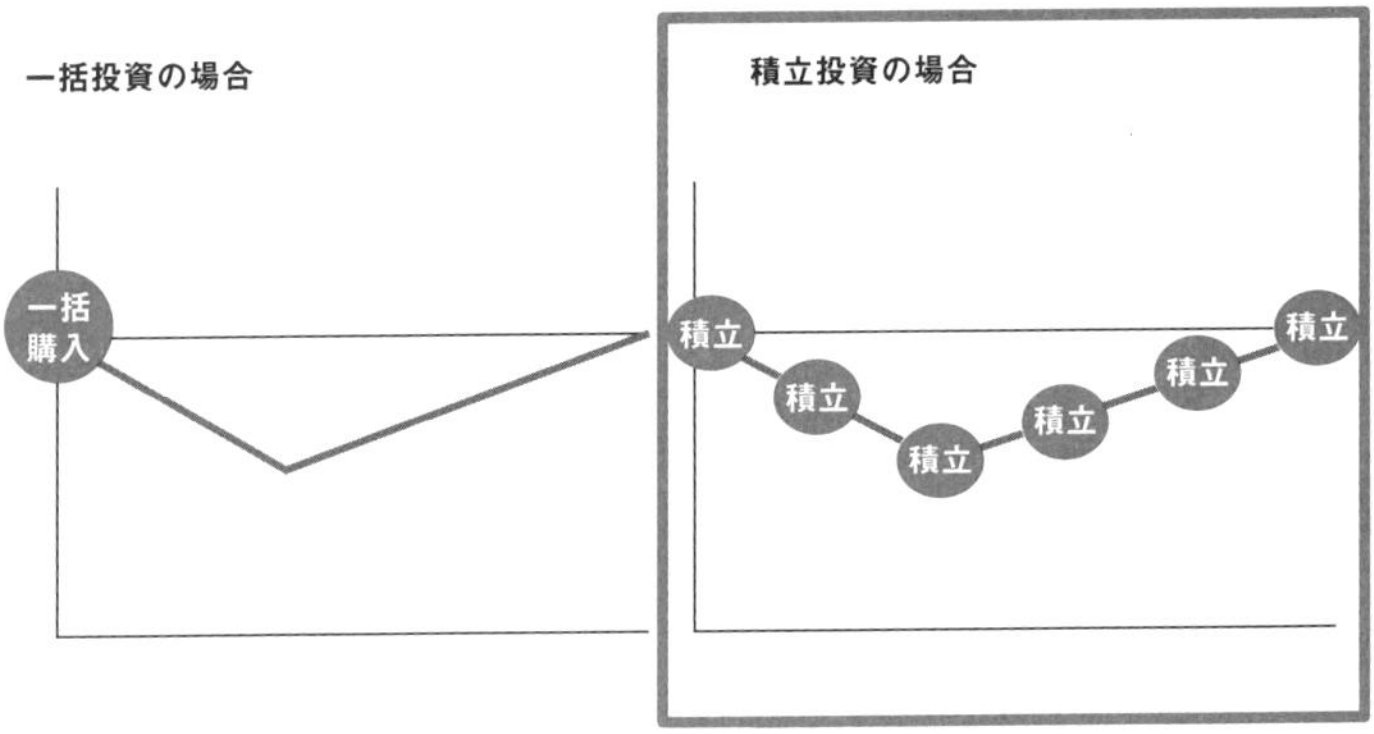


をすることができるので、**相場が元に戻っただけで、プラスのリターン**になります。

## 積立投資が高いリターンを得られるとは限らない

ただし、**積立投資をしたからといって、必ず高いリターンが得られるわけではありません。**

たとえばリーマン・ショックのような相場が下がる局面であれば、積立を続けることで、安いうちにたくさん買うメリットが得られます。一方で、相場が右肩上がりを続けていく場合には、最初に一括で投資したほうが、高いリターンを得られます。

### 相場が一方的に上昇する場合は、最初に一括で投資した方がリターンは高い

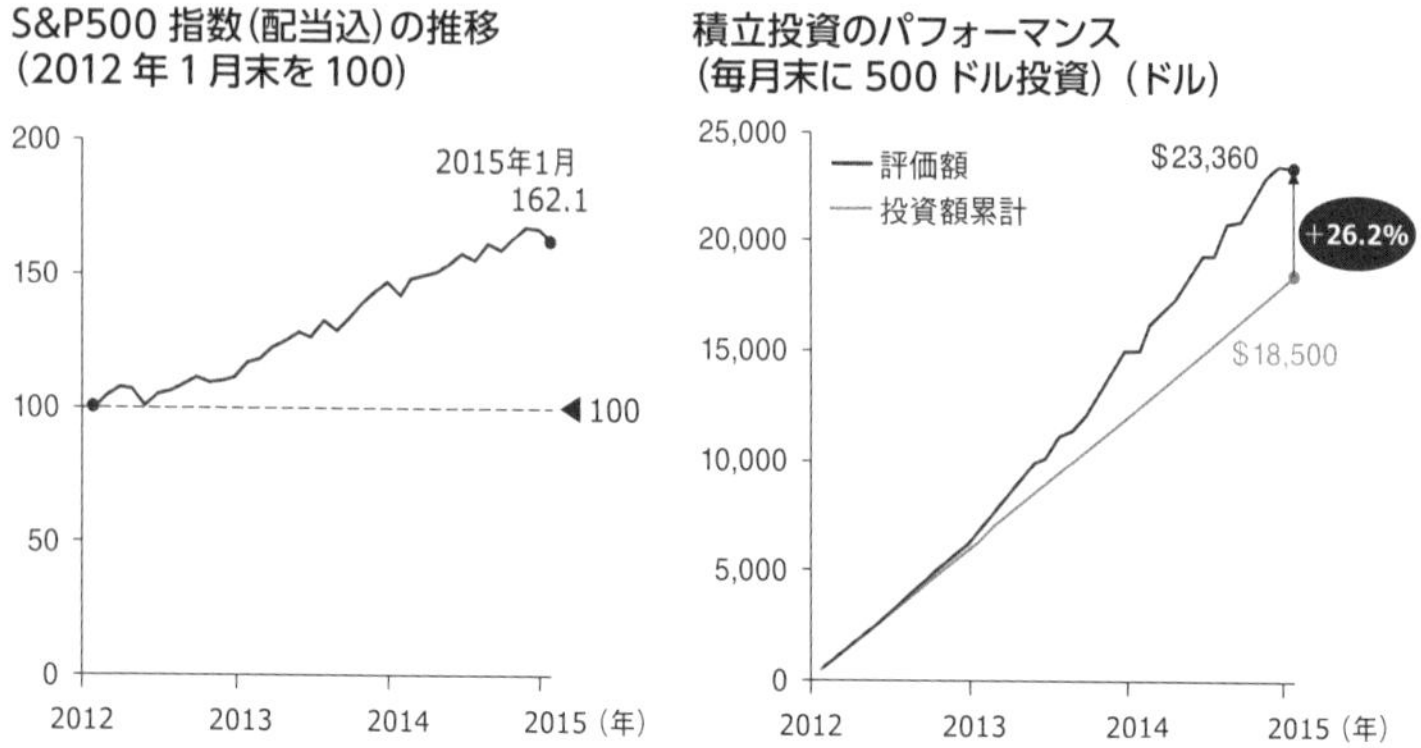


(注) リターン(右図)は S&P500 指数(配当込)に対して、2012 年 1 月から 2015 年 1 月まで毎月 500 ドルを積立投資した場合の資産増加率

具体的に見てみましょう。上の図は、先ほどとは対照的に、株価が上がり続けていた2012年1月から3年間の、S&P500指数の推移と、積立投資のパフォーマンスを示したものです。

この期間にずっと積立を続けていたら、3年間でおよそプラス26%のリターンになりました。しかし、同じ期間に一括で投資をしていた場合には、およそプラス62%のリターンですので、**積立の方が一括での投資よりリターンが低い**という結果です。

一括で投資した場合には、株価が上がっていった恩恵を全面的に受けることができました。一方で積立をしていた場合には、購

相場が右肩上がりのとき、一括のほうが
積立よりも安く購入することができる

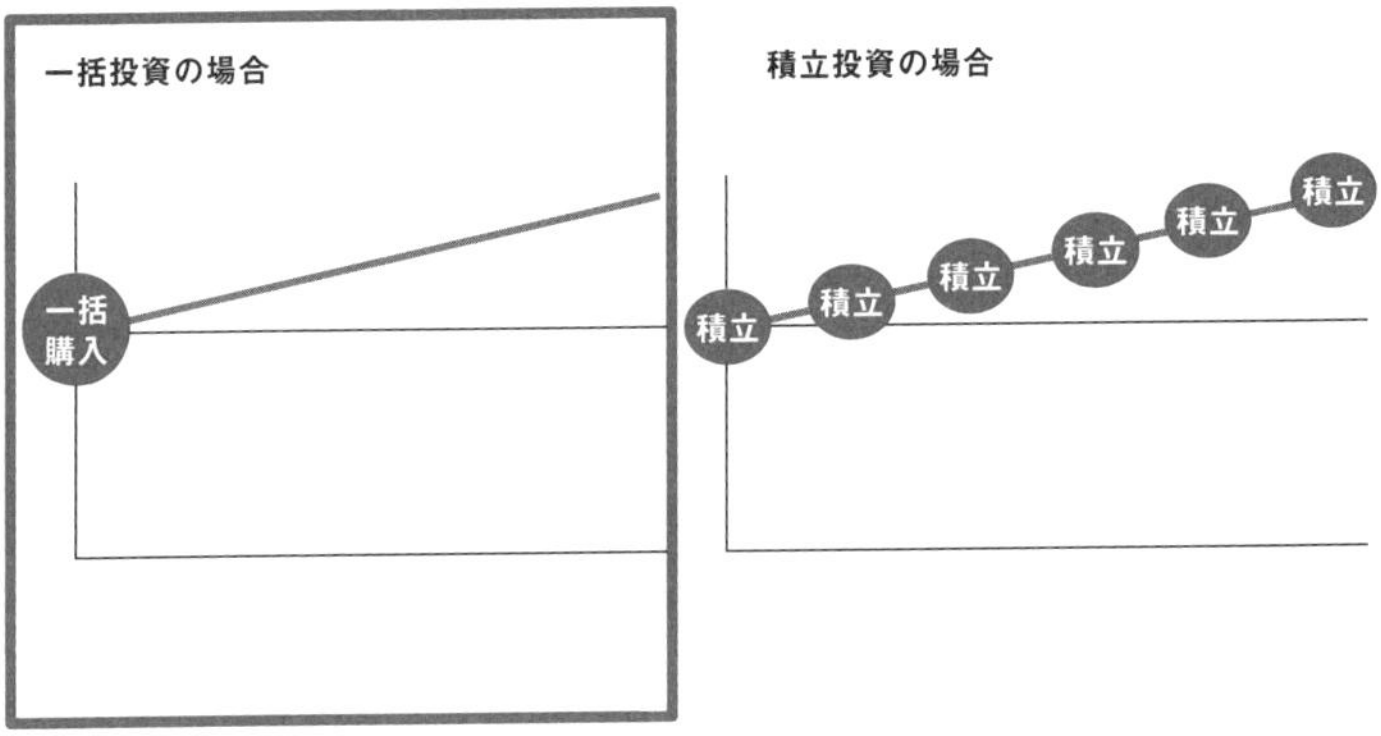


入する価格がだんだんと上がっていったことになります。

このようなケースを見てみると、**一括と積立ではどちらのほうが資産が増えるのか、最終的には結果を見ないとわからない**ということになります。

## 本質的な問いは積立投資と一括投資でどちらが続くか

本質的な問いは、どちらが長く続けられるかです。ここまでに説明した通り、**積立投資には心理の影響に惑わされずに淡々と続けられるメリットがあります。**積立のほうが、少なくともリスクは下げることができるからです。

資産運用を始めた後、相場がよくなっても悪くなっても、気にせずに続けられる自信があれば、一括投資が向いていると言えるでしょう。

一方で、相場の状況が気になって、運用成績を毎日チェックしてしまったり、始めたタイミングが悪かったのではと後悔したりしてしまう場合は、積立が向いています。

この問いに対して、万人に当てはまる「正解」はありません。積立と一括、どちらが長く続けられそうでしょうか。一人ひとり、答えは異なります。

一つだけ言えることは、「迷ったら積立」ということです。**迷う時点で、相場の動向をかなり気にしているということですので、その場合は積立が向いていると言えます。**

ウェルスナビの利用者のデータを見ると、**7割近くの方が積立と一括を組み合わせて利用しています。**つまり、最初は一括である程度まとまったお金を投資して、その後で積立を組み合わせるという方法です。この場合は、一括と積立の両方のメリットを得ることができます。一括と積立にはそれぞれのメリットがあり、相場の先行きが気になって、長く続けられるか自信がないという方は、積立のほうをメインに考えるのがよいと思います。

かつて投資といえば、ハイリスク・ハイリターンな
個別株が主流だった

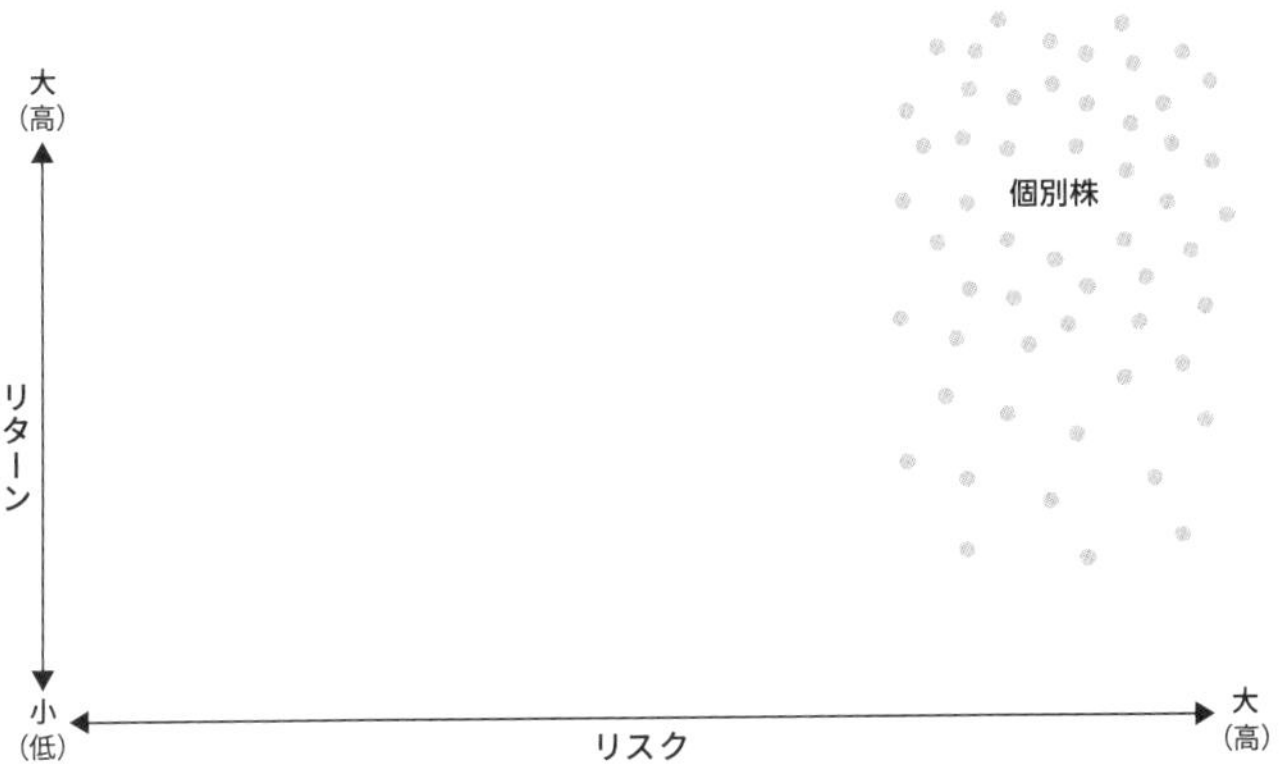


(注) イメージ図

## 株式だけに集中投資するべきでない理由

**資産運用を長く続けるうえで重要なことは、分散によってリスクを抑えることです。**

特定の資産に集中することで、分散の効果が十分に得られず、リスクを取りすぎてしまう可能性があります。

かつては、投資と言えば、個別企業の株を買うことが主流でした。個別株への投資は、対象が1社に集中するためリスクが高くなります。

上の図は、縦軸に期待されるリターンの大きさ、横軸にリスクの大きさを示したものです。

### 「株式のみの投資信託」は個別株よりもリスクが低い

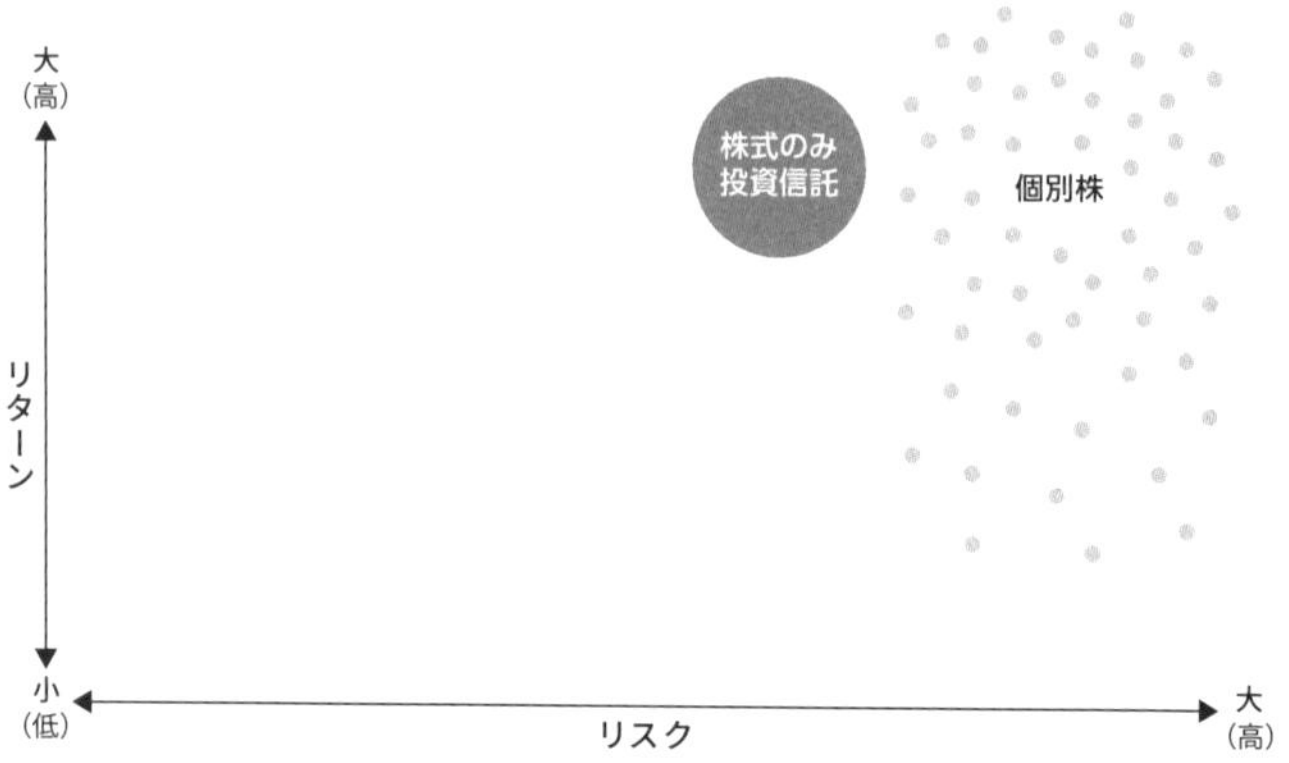


（注）イメージ図

個別株は、リスクが最も高い右側のエリアに位置しています。リターンは企業によって高かったり低かったりとバラバラです。

個別の株式と比べると、株式のみの投資信託は、複数の株式に分散することで、リスクが大幅に低くなります。一つの銘柄に投資するよりは、たとえば5つ、6つといった銘柄に分散するだけでも、リスクは下がります。分散の対象を広げることで、リスクはさらに下がっていきます。

しかし、**株式のみで分散することが、世界の資産運用で標準的な方法かというと、決してそうではありません。長期的な観点の資産運用としては、リスクが高すぎ、分散**

**債券は比較的ローリスク・ローリターンな投資先**

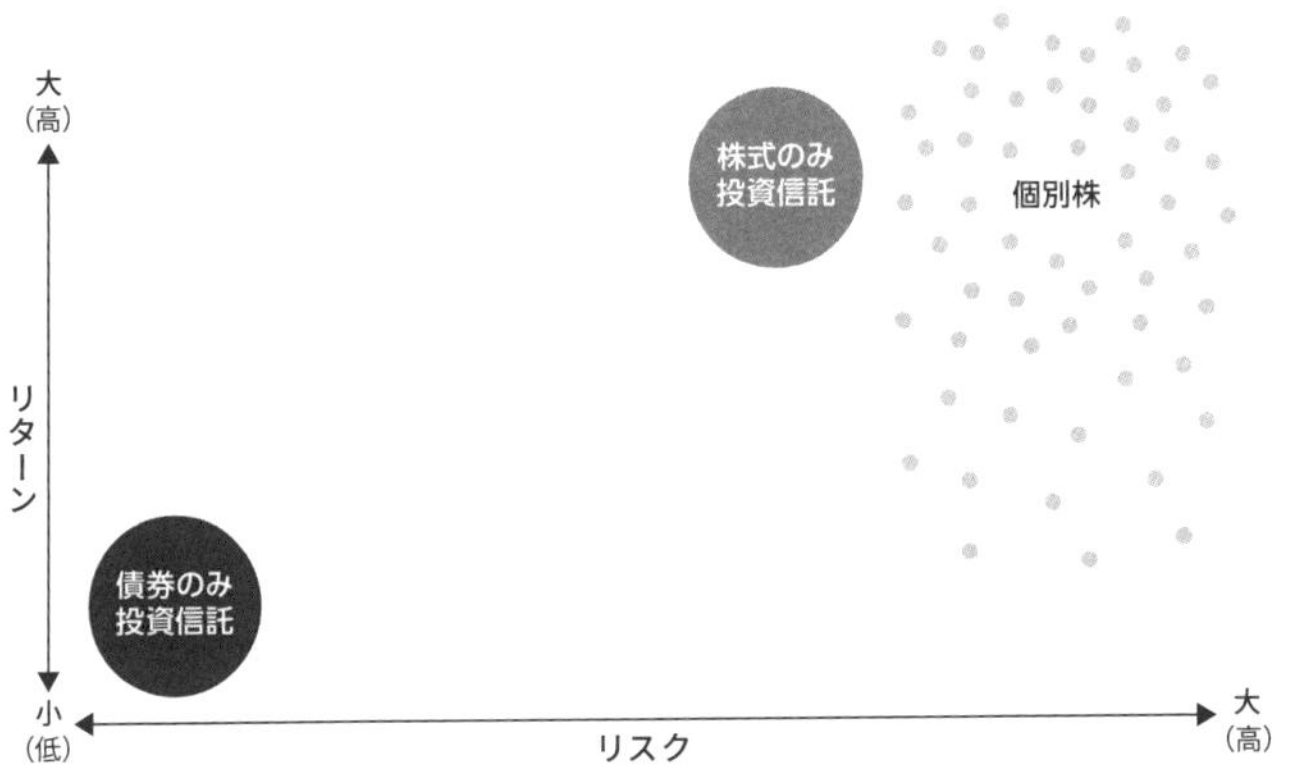


（注）　イメージ図

**のレベルとしては不十分と言えます。**

前章で紹介した世界最大規模の一つであるノルウェー政府年金基金をはじめ、資産運用のプロは、株式、債券、不動産など、さまざまな資産のバランスを計算し、分散して投資を行っています。

資産を分散することによって、特定の要因で大切な資産が大きく減ってしまうリスクを下げて、より長く資産運用を続けていくことが可能となります。

長期的にリスクを抑えるためには、株式だけでなく、債券を組み合わせることが重要です。債券のみの投資信託は、株式に比べるとリスクもリターンも低い資産ですが、

株式と債券を組み合わせることで、リスクを抑えて運用できる

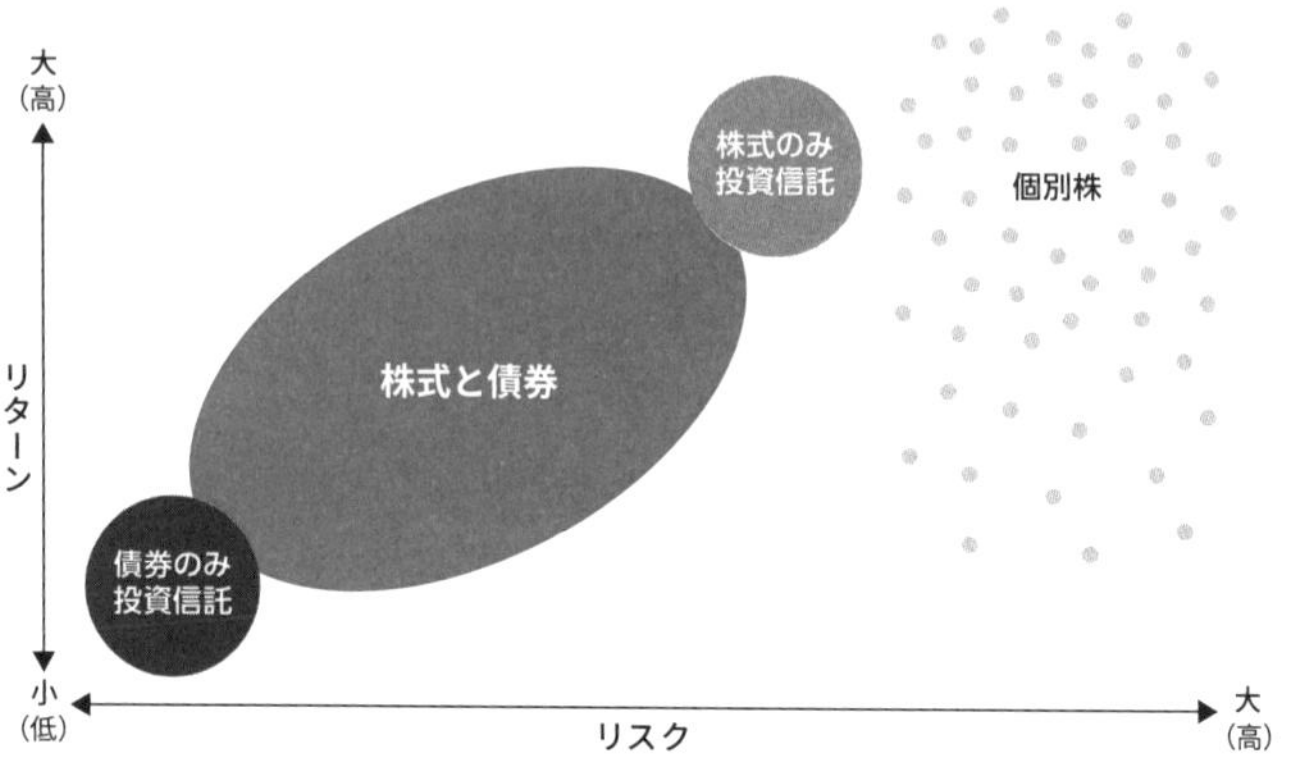


(注) イメージ図

銀行預金に比べるとリスクが高く、その分期待されるリターンも高くなります。

**株式と債券を組み合わせて運用することで、リスクを抑えて、長く続けていくことが可能となります。**

たとえば、ウェルスナビの場合は、同じリスクを取った場合に最も高いリターンを得られるように計算し、5段階の運用プランを設定しています。次のページの図を見ていただくと、株式だけに投資する場合と、債券だけに投資する場合の間を、曲線が結んでいるように見えると思います。

曲線上にある5つの点は、それぞれのリ

## ウェルスナビはリスクとリターンのバランスを最適に設計

リスク許容度別の最適ポートフォリオ（イメージ図）

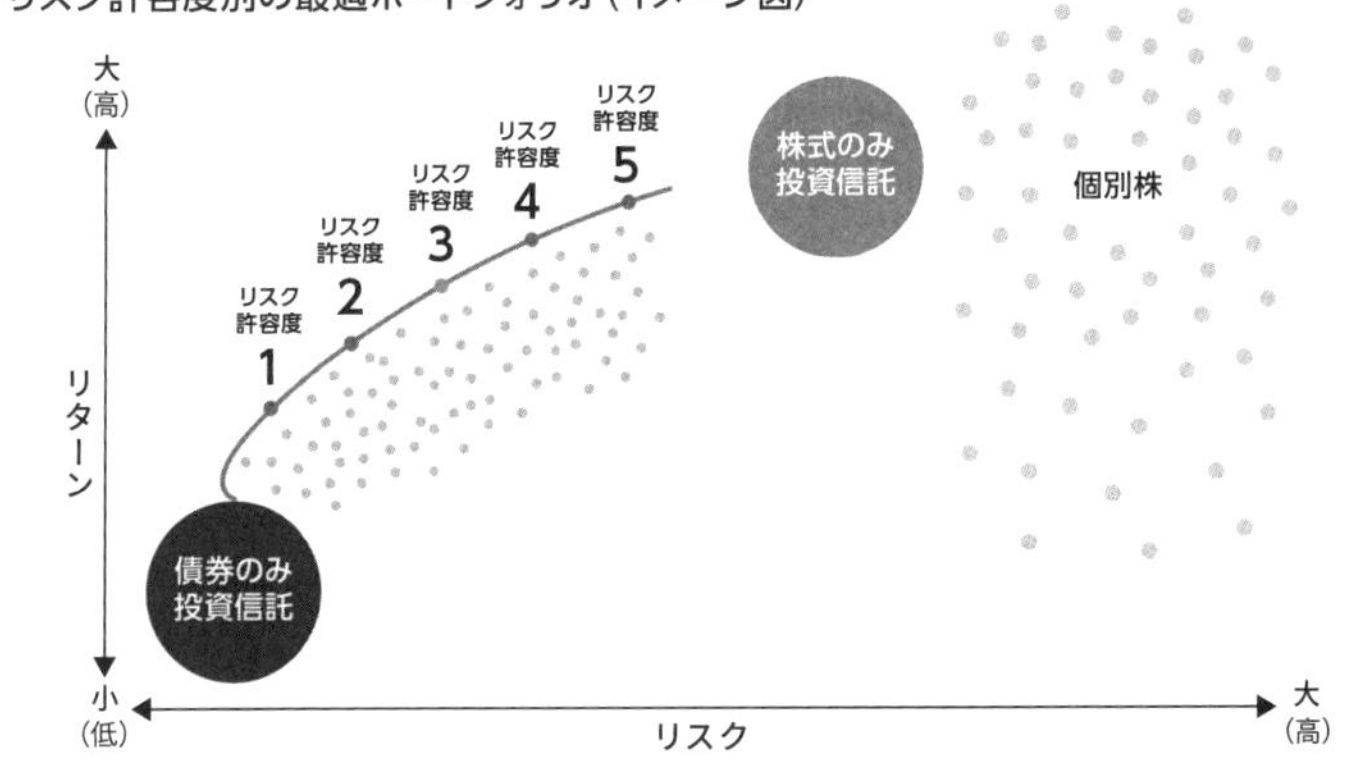


（注）　イメージ図

スクの中で、最も効率よくリターンが得られる資産配分になっています。この曲線は精緻な方法で計算されており、「効率的フロンティア」と呼ばれます。

この「効率的フロンティア」の計算方法を考え出したハリー・マーコウィッツ教授は、1990年にノーベル経済学賞を受賞しています。受賞理由は、「安定的な資産形成に貢献したこと」とされています。

この図を見ると、株式のみの投資信託は、ウェルスナビで最もリスクの高い、リスク許容度5よりも右側にあります。リスク許容度で表すと、7から8ぐらいのイメージになります。長期の資産運用では、リスク

### 自分のライフステージの変化に合わせてリスクを下げる

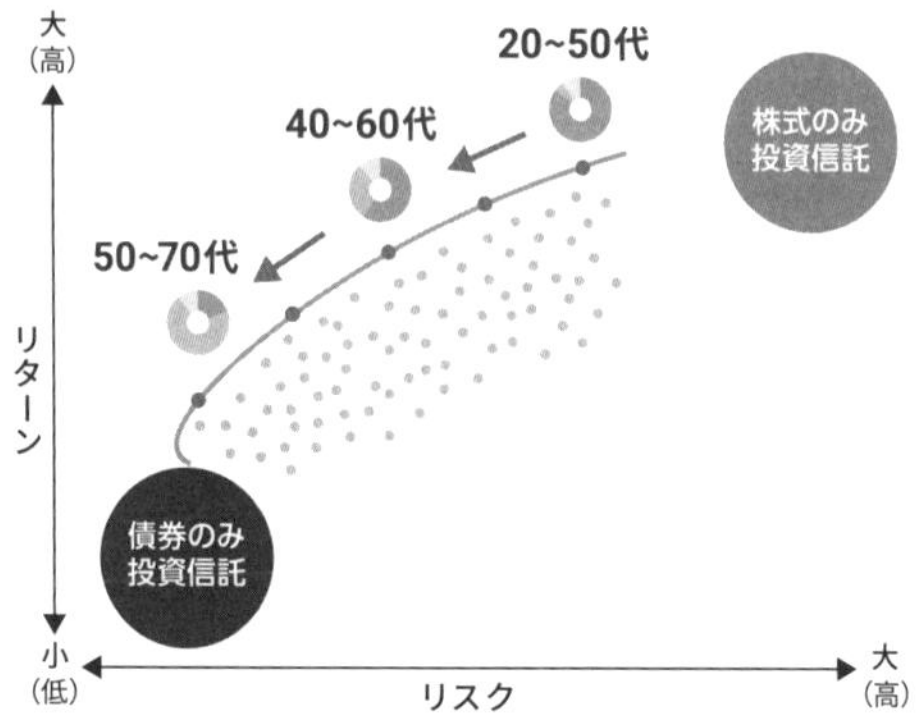


（注）イメージ図

を取りすぎていると言えます。

資産運用を始めたばかりで、運用する金額も少なければ、ある程度のリスクを取ってもよいかもしれませんが、いずれは株式の比率を下げ、リスクを抑えるべきです。

**ライフステージが変わるにつれて、取れるリスクは変わってきます。債券など他の資産も組み合わせ、ライフステージの変化に合わせて、徐々にリスクを下げていく**ことになります。

## 分散投資は時代とともに進化してきた

ここまで、さまざまな資産に分散するこ

## 分散投資の方法は、時代とともに発展している(1)

1980年代は、米国の株式と債券に投資

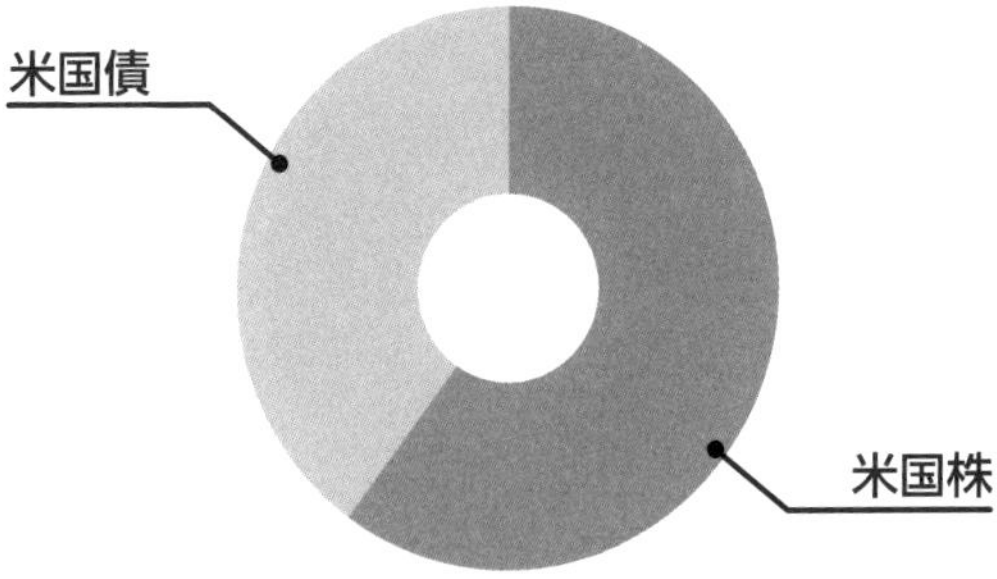


(出典) ジョセフ・ノセラ『アメリカ金融革命の群像』をもとに作成

との重要性をお伝えしてきました。

ただし、**分散投資には、絶対的な正解があるわけではありません。最適な分散投資の方法は、時代とともに変わっていきます。**

これまでのアメリカの分散投資において、資産配分がどう変わってきたか、わかりやすさを優先してシンプルにまとめました。

1980年代のアメリカでは、分散投資は単純な方法で行われていました。アメリカの株式に6割、アメリカの政府が発行する国債に4割、というのが当時の分散投資では標準的でした。国際的に分散するのではなく、アメリカ国内だけで分散していました。

分散投資の方法は、時代とともに発展している(2)

1990 年代は、日本やヨーロッパなど、米国以外の先進国にも投資先を拡大

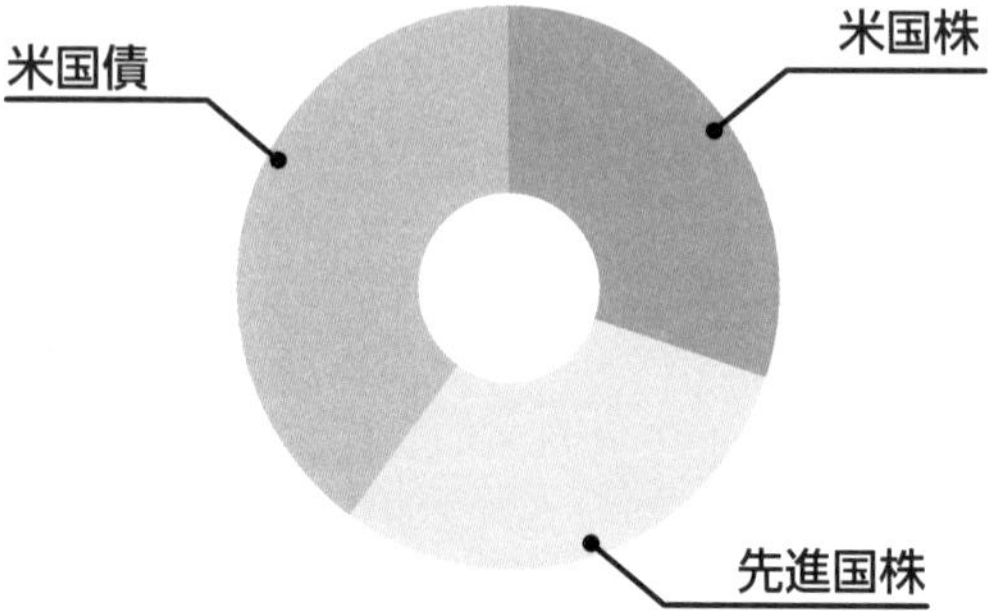


(出典)　ジョセフ・ノセラ『アメリカ金融革命の群像』をもとに作成

１９８０年代に、日本や当時の西ドイツといった国々が経済成長していきます。そうすると、１９８０年代の後半から１９９０年代にかけて、アメリカ株だけではなく、他の先進国にも投資をしましょう、という流れになりました。当時、アメリカの金融機関が日本に進出して、トヨタ自動車やソニーといった日本企業を分析して、日本にも投資を始めました。

アメリカにおいても、国際分散投資が始まったのはこの頃です。実は、比較的歴史が浅いと言えます。

２０００年代になると、先進国だけではなく、新興国にも投資をする流れが生まれ

## 分散投資の方法は、時代とともに発展している（3）

2000 年代以降、成長著しい新興国への投資が加速

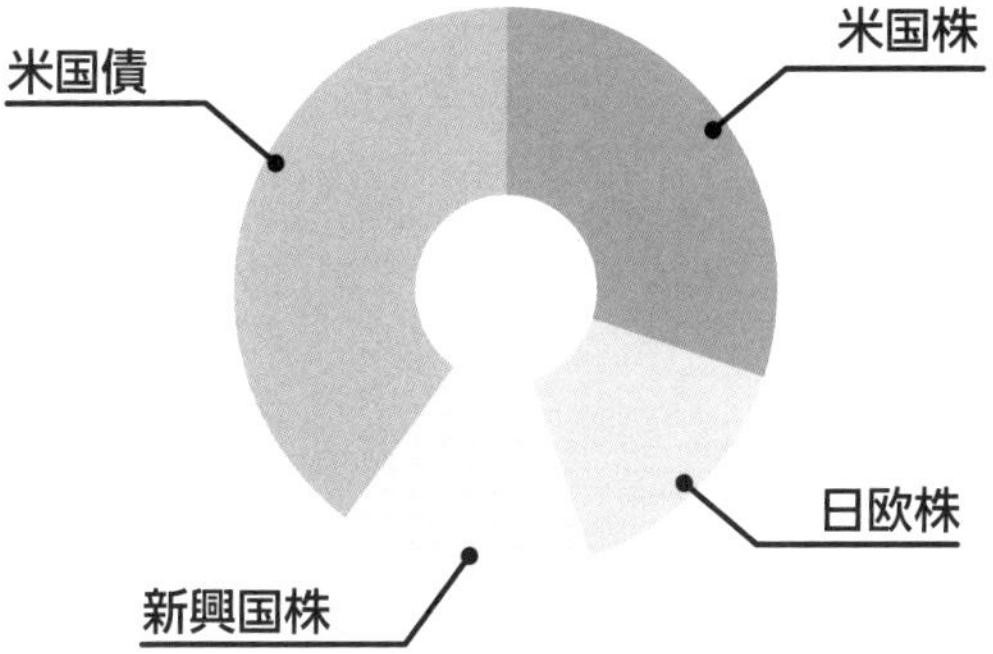


（出典） Thinking Ahead Institute「Global Pension Assets Study-2022」をもとに作成

てきました。

1999年にEUが共通通貨のユーロを導入し、2001年に中国がWTO（世界貿易機関）に加盟すると、東ヨーロッパや中国、インドといった新興国への投資が盛んになりました。また、BRICS（ブラジル、ロシア、インド、中国、南アフリカ）に投資することがブームになった時期もありました。

いまでは忘れている方も多いかもしれませんが、**2000年代の10年間、アメリカ株の運用成績はあまりよくありませんでした。当時は、アメリカ以外の国の株式に投資をしたほうが高いリターンが得られたのです。**こうした背景もあって、アメリカ以

## 分散投資の方法は、時代とともに発展している(4)

ABS、新興国債など、米国債以外の債券にも投資対象が拡大

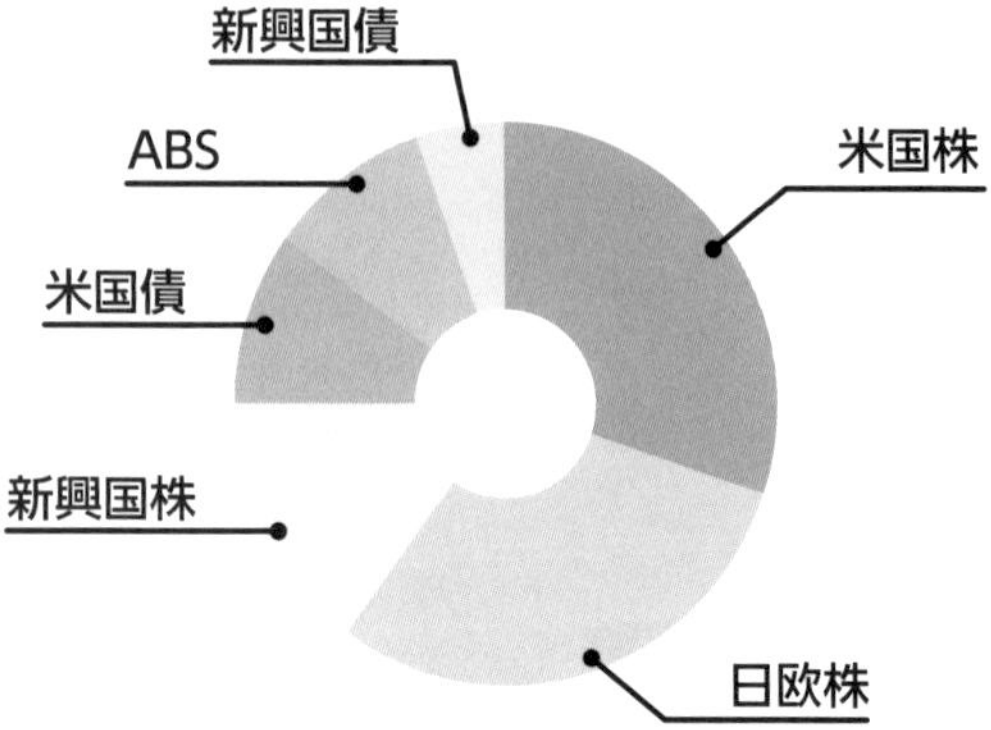


(出典) Thinking Ahead Institute「Global Pension Assets Study-2022」をもとに作成

外への投資に関心が向いていきました。

その後、今度は債券への投資も分散させていこうという動きが広がっていきました。ABS[*1]という、住宅ローンやクレジットローンを裏付けとした債券や、新興国の発行した債券への投資が進みました。

背景には、2000年代以降の「カネ余り現象」があります。お金が余って低金利が続いていたので、アメリカ国債だけではなく、金利がより高い債券にも投資をしようという風潮になりました。それが行きすぎた結果、後に、リーマン・ショックを引き起こすことになってしまいます。

分散投資の方法は、時代とともに発展している(5)

その後、金や不動産といったオルタナティブへの投資が広がった

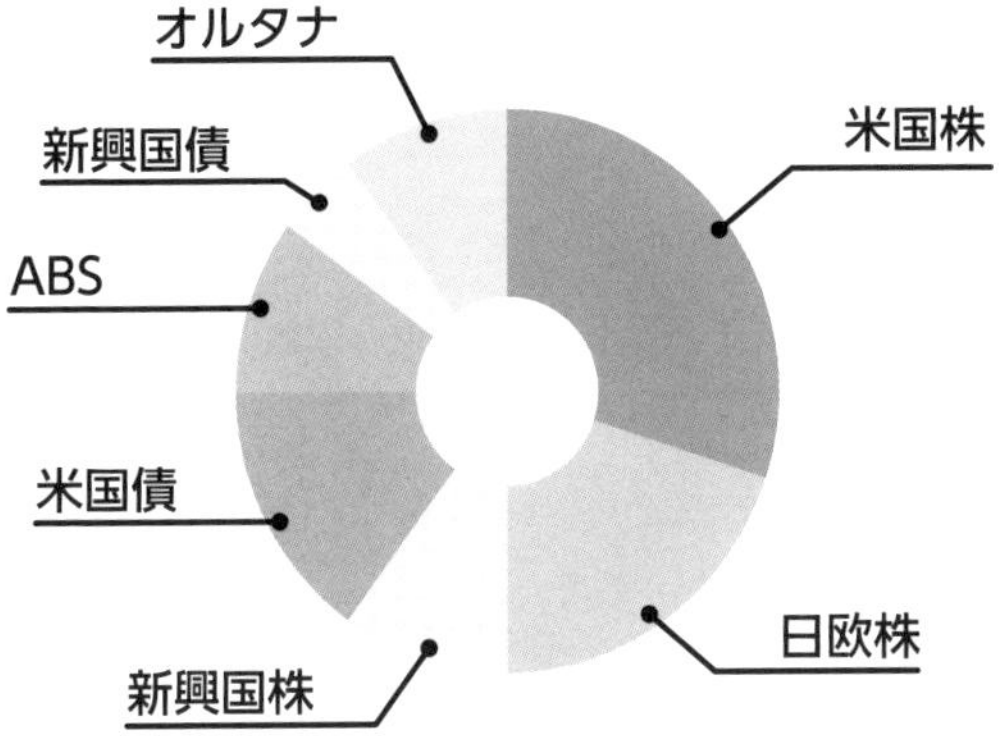


(出典) Thinking Ahead Institute「Global Pension Assets Study-2022」をもとに作成

また、株式や債券だけでなく、いわゆる「オルタナ投資」が広がったのもこの時期でした。

「オルタナ」とは、日本語で「代わり」を意味する「オルタナティブ」の略語です。資産運用の世界では、株式や債券の「代わり」となる、金や不動産、ヘッジファンドやベンチャーキャピタルへの投資を指します。株式や債券に留まらず、さらに分散のレベルを上げるために、年金基金など巨額の資産を運用しているプロの投資家が、資産全体の一部を「オルタナ投資」にまわすようになりました。

＊1 Asset-Backed Securitiesの略。日本語では資産担保証券

ウェルスナビは世界全体に最適なバランスで投資

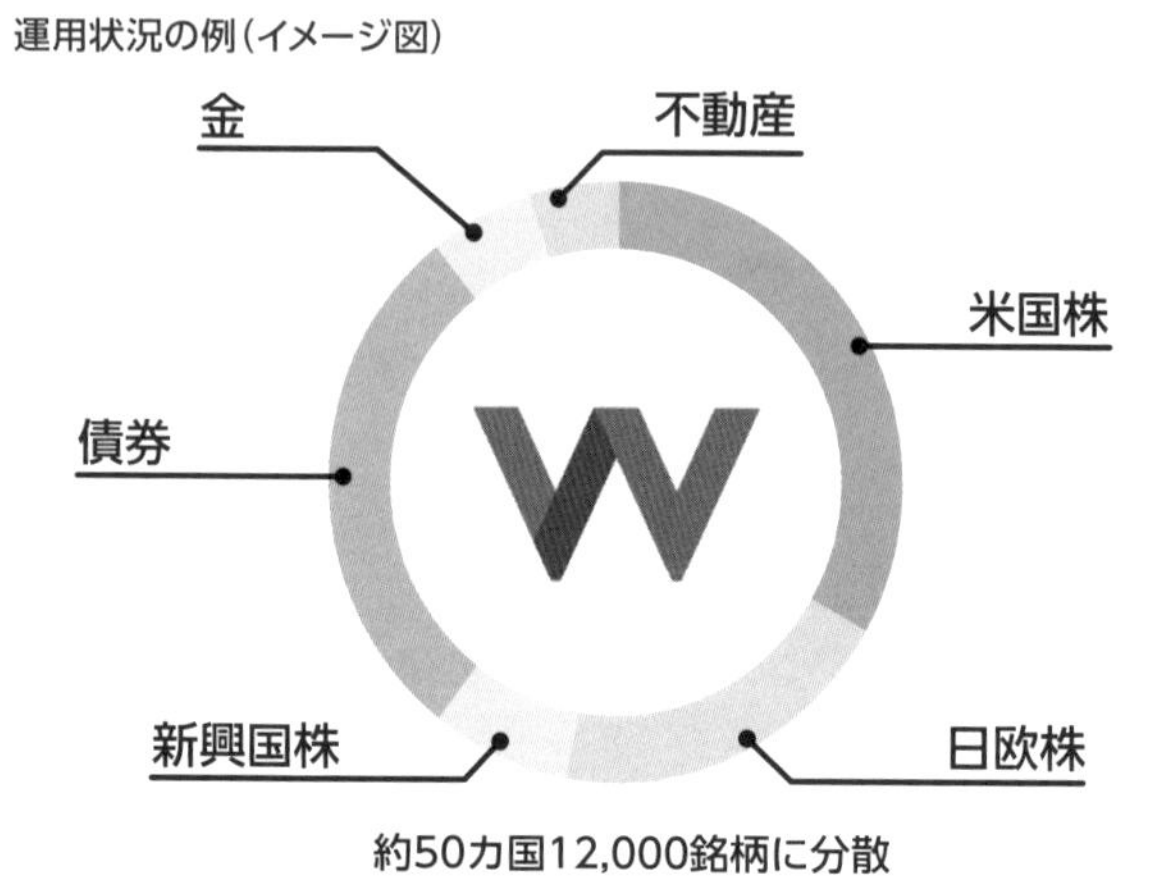


ちなみに、ウェルスナビでも、株や債券だけではなく、金や不動産といったオルタナ資産にも分散しています。また、株の中でもアメリカ株だけ、日本株だけ、ということではなく、ヨーロッパやアジアなどの他の先進国、新興国の株にもバランスよく分散しています。

ここまで見てきたように、**過去40年ほどの間に、分散投資の対象は多様化してきました。10年単位で見ても方法が変わっていることからわかるように、今後も、同じ分散投資の方法が最適であり続けるとは限りません。**

時代の変化に応じて、分散の方法を定期的に見直していくことが重要だと思います。

## 世界中への分散投資で、為替の影響を抑えられる

ウェルスナビでは、円建てとドル建ての両方で運用実績を表示しています。そのため、セミナーでよく「円とドルのどちらを見ればよいのでしょうか？」という質問をいただくことがあります。その質問には、「円とドルの両方を見るべきです」とお答えしています。

為替の問題は非常に難しいのですが、なぜドルを気にすべきなのか、説明します。

まず、私たちは日本国内で、円で生活しています。このため、まずは円で、資産運用の成果を見るのが基本です。

ここでもう一歩、踏み込んで考えてみましょう。「円で生活している」とは、具体的にはどのようなことなのでしょうか。それは、給与を円で受け取り、買い物をする時は円で支払っているということです。税金や社会保険料も円で納めています。また、将来、国か

ら受け取る年金も、円で受け取ります。

これはごく当たり前のことのように思えます。しかし、このことをもう一段、深く考えてみると、円以外の通貨でも資産運用の成果を見る必要性が明らかになります。

さきほど、私たちは、「買い物をするときは円で支払っている」と述べました。その際、**私たちの身の回りにあるものの多くは、海外から輸入されています。また、たとえばレストラン、コンビニエンスストア、工場や漁港などで、多くの外国人の方が働いていることが知られています。そうした意味では、私たちはモノやサービスを海外から買って生活していることになります。**

コーヒーを買うときを例に考えてみます。私たちはコーヒーショップに円を支払ってコーヒーを買います。ただ、コーヒーショップは、商社を通じて、コーヒー豆をドルで買っています。

コーヒー以外にも、私たちは日本で暮らす中で、普段使っているモノやサービスの多くを、海外からドルで購入しています。つまり、**私たちの生活水準を決めるのは、ドルをいくら持っているか**です。実際には国内で円を使っているので気づかないのですが、ドルに対して円の力が弱くなると（円安になると）、私たちの生活水準は下がります。

このように、私たちは、**表面的には円で生活しているのですが、より本質的には、ドルを中心とした（円を含む）あらゆる通貨で生活している**のです。

資産運用はあくまでも手段であり、目的ではありません。資産運用の目的は、将来の生活に必要な資金を確保することです。したがって、資産運用の成果は円とドルの両方で見るべきなのです。

なぜかというと、**将来、世界中からモノやサービスを買うときに備えて、世界中に資産を分散することで、バランスを取れるから**です。

一方で、円預金だけで資産を持っておくとします。将来、円が世界の中で強い資産になっている場合にはよいのですが、そうではない場合、世界から買えるモノやサービス

世界中に分散している資産からお金を使えば、為替の影響を抑えることができ、将来の豊かさを確保できる

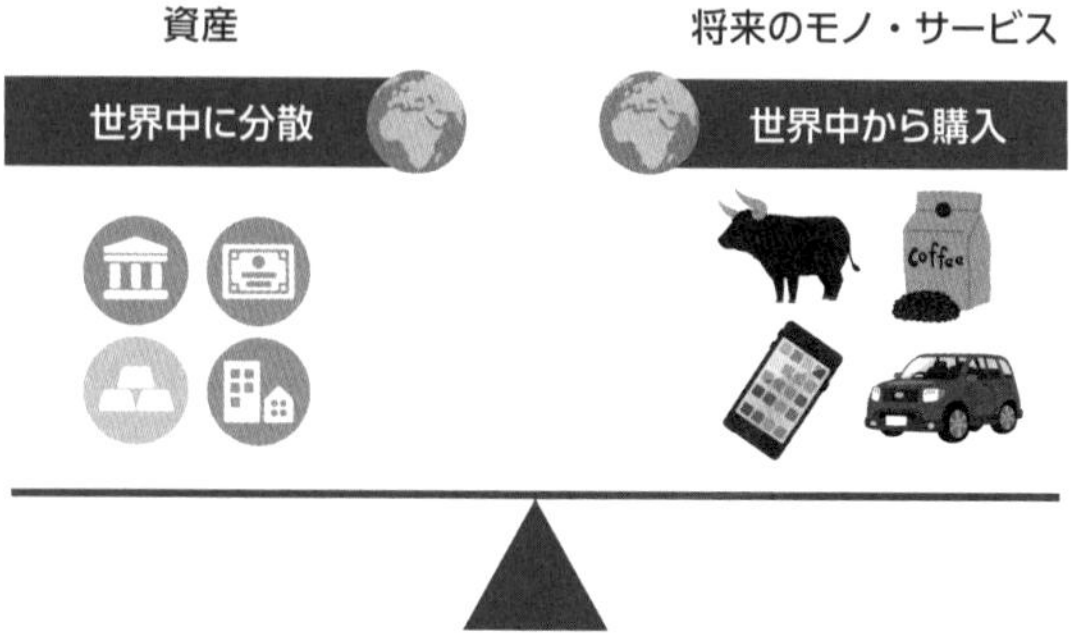


の量が減ってしまいます。**金額は同じでも、買えるモノやサービスの量が減っていれば、実質的な価値は下がっているということになります。**

そのような事態を避けるためには、将来、世界中に資産を分散していることが有効です。将来、世界からモノやサービスを買うときに、世界中に分散されている資産を少しずつ取り崩して生活にまわせばよいのです。そうすることで、(円建てで見ると為替リスクを取ることになるのですが、より本質的な意味で)為替リスクを回避することができます。

繰り返しになりますが、いずれ使う時のために資産を増やして価値を守ることが、資

産運用の目的です。短期的には、為替は円安になったり円高になったりを繰り返します。しかし、長期的には、世界の中で、円の価値は下がってしまう可能性があります。資産は円だけで持っておくよりも、さまざまな通貨に分散したほうが価値を守れると考えたほうが、実は合理的なのです。

将来、世界中からモノやサービスを買うときに備えて、資産を世界中に分散しておくことで、長期的には為替の影響を抑えることができます。

コラム

# 「長期・積立・分散」を続けるうえで重要なリバランスとは

資産を分散して最適な資産配分を作った後、資産運用を続けていくうえでは、「リバランス」を行う必要があります。**リバランスとは、最適な資産配分を保ち続けるよう、調整することです。多くの場合は、「値上がりした資産を売って、値下がりした資産を買う」という方法によって、リバランスを実現します。**

最適な資産配分で資産運用をスタートしても、相場は日々動いていきます。たとえば、初めは「株式50％、債券50％」といったように、配分比率を決めて、それぞれの資産を購入したとします。その後、株式の価格が上がると、配分比率は変わってきます。放っておくと、配分比率は、「株式60％、債券40％」のように、最初に決めた比率から離れてしまうかもしれません。

リバランスにより、バランスの崩れたポートフォリオを
最適なバランスに戻す

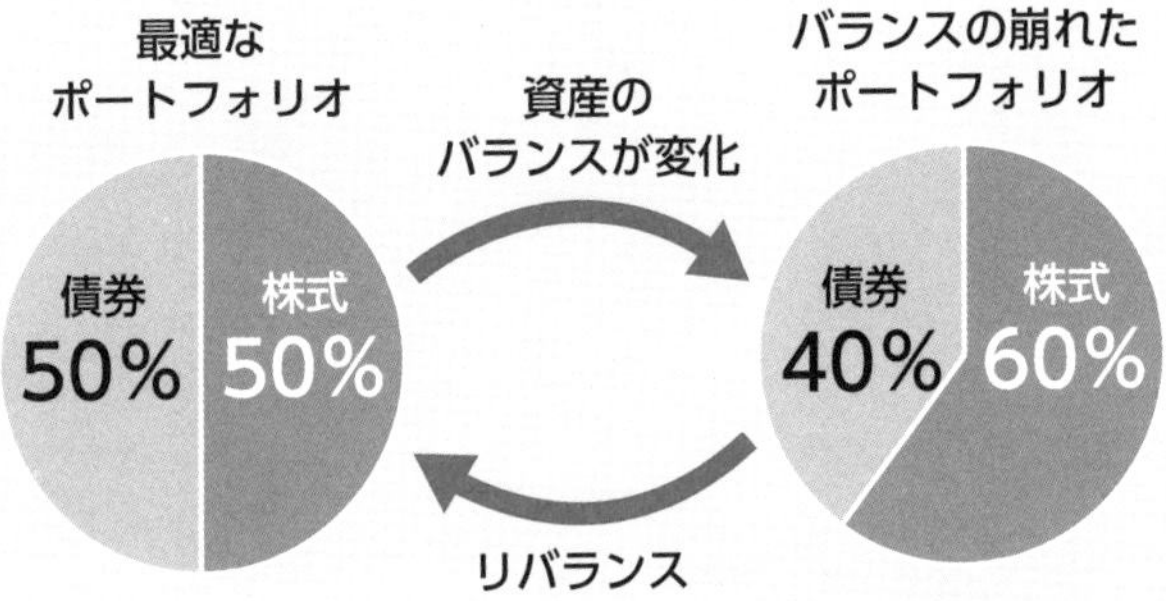


（注） 画像はイメージ

配分比率が変わった場合に、元に戻すことをリバランスと言います。

先ほどの例であれば、「株式60％、債券40％」とずれてしまった配分比率を、元の「株式50％、債券50％」に戻すには、値上がりした株式を売って、債券を買い増します。このリバランスによって、最適な資産配分に戻します。

「長期・積立・分散」の資産運用では、このリバランスを行うことが非常に重要です。**リバランスを行わないことで、知らないうちに、本来取れるリスクよりも高いリスクを取ってしまうことがあります**（反対に、本来はもっとリスクを取れるにもかかわらず、リスクが下

がって得られるリターンも下がっているということもあります）。リバランスを行うことで、中長期的にリスクを下げつつ、リターンを上げられるとされています。

**リバランスは、少なくとも1年に一度ぐらいのペースで行うのがよいでしょう。**加えて、金融危機が起こったり、株式相場が急激に上昇したりして、資産配分が大きく崩れたときにも行います。

また、通常の口座の場合、リバランスを行うと、資産の売却に伴って税金が発生する可能性があります。頻繁なリバランスは、税負担が重くなるデメリットを生む可能性があります。ただ、新しいＮＩＳＡの場合は、値上がりした資産を売却しても税金がかからず、また、売却した分の非課税枠は翌年に復活するため、このデメリットはなくなります。

さらに、毎月の積立の際に、リバランスを行う考え方もあります。積立というと、予め決めた銘柄を同じ量で買い続けるイメージを持たれるかもしれませんが、積立の際に、値下がりしている資産を多めに買うことで、資産を売却することなくリバランスを行えます。

ウェルスナビでは、リバランス機能付きの積立を提供することで、資産運用の効率を上げています。

コラム

## 米国株だけに投資してもよい？

本章の中で、特定の資産に集中して投資をしないことが重要だと説明しました。一方で、つみたてＮＩＳＡでは米国株を対象とした投資信託が人気を集めたこともあり、ウェルスナビのセミナーでも「米国株だけに投資すればいいのではないか」という意見をいただくことが増えました。しかし、実際にはさまざまな資産に分散して投資することが重要です。その理由は、**特定の資産が長期で高いリターンを得られるとは限らない**からです。

ウェルスナビが組み入れているさまざまな資産を対象に、２０１１～２０２１年の間の

## 2010年代の米国株のリターンは、相対的に高かった

各資産クラスに対応するETFの年次トータルリターン(注)（2011〜2021年）

| 2011 | 2012 | 2013 | 2014 | 2015 | 2016 | 2017 | 2018 | 2019 | 2020 | 2021 (年) |
|---|---|---|---|---|---|---|---|---|---|---|
| 金 | 新興国株 | 米国株 | 不動産 | 不動産 | 米国株 | 新興国株 | 債券 | 米国株 | 金 | 不動産 |
| 9.6% | 19.2% | 33.5% | 26.7% | 1.6% | 12.8% | 31.5% | 0.1% | 30.7% | 24.8% | 38.7% |
| 債券 | 日欧株 | 日欧株 | 米国株 | 債券 | 新興国株 | 日欧株 | 金 | 不動産 | 米国株 | 米国株 |
| 7.7% | 18.6% | 21.8% | 12.5% | 0.5% | 12.2% | 26.4% | -1.9% | 28.2% | 21.0% | 25.7% |
| 不動産 | 不動産 | 不動産 | 債券 | 米国株 | 金 | 米国株 | 不動産 | 日欧株 | 新興国株 | 日欧株 |
| 5.5% | 18.2% | 1.2% | 6.0% | 0.4% | 8.0% | 21.2% | -4.3% | 22.6% | 15.2% | 11.7% |
| 米国株 | 米国株 | 債券 | 新興国株 | 日欧株 | 不動産 | 金 | 米国株 | 新興国株 | 日欧株 | 新興国株 |
| 1.0% | 16.5% | -2.0% | -0.1% | -0.4% | 7.0% | 12.8% | -5.2% | 20.8% | 9.7% | 1.3% |
| 日欧株 | 金 | 新興国株 | 金 | 金 | 日欧株 | 不動産 | 日欧株 | 金 | 債券 | 債券 |
| -12.3% | 6.6% | -4.9% | -2.2% | -10.7% | 2.7% | 9.3% | -14.8% | 17.9% | 7.5% | -1.8% |
| 新興国株 | 債券 | 金 | 日欧株 | 新興国株 | 債券 | 債券 | 新興国株 | 債券 | 不動産 | 金 |
| -18.8% | 3.8% | -28.3% | -6.0% | -15.8% | 2.4% | 3.6% | -14.8% | 8.5% | -5.3% | -4.1% |

（注） 各資産クラスに対応するETF（ETF設定前はインデックス等）の年次トータルリターン。米国株：VTI／Wilshire 5000、日欧株：VEA／MSCI EAFE Index、新興国株：VWO／MSCI Emerging Markets Index、債券：AGG／Bloomberg Barclays US Aggregate Bond Index、金：GLD／LBMA Gold Price、不動産：IYR／Dow Jones U.S. Real Estate Index

リターンを見てみます。すると、米国株が1位になっている年が3回あり、相対的にリターンのよかった年が多かったことがわかりました。このため、米国株だけに投資をしていれば、高いリターンを期待できると思われる方も多いと思います。特に、つみたてNISAが始まった2018年の翌年以降は、20％を超える高いリターンを記録していました。

では、次に10年さかのぼって、2000年代の資産ごとのリターンを見てみます。最下位になっている年もあり、相対的にリターンは低かったことがわかります。この時期には、不動産や金などのパフォーマンスがよい年が続きました。

## 2000年代の米国株のリターンは、相対的に低かった

各資産クラスに対応するETFの年次トータルリターン(注)(2000〜2010年)

| 2000 | 2001 | 2002 | 2003 | 2004 | 2005 | 2006 | 2007 | 2008 | 2009 | 2010 (年) |
|---|---|---|---|---|---|---|---|---|---|---|
| 不動産 | 不動産 | 金 | 新興国株 | 不動産 | 新興国株 | 不動産 | 新興国株 | 債券 | 新興国株 | 金 |
| 23.9% | 10.6% | 23.5% | 56.1% | 30.2% | 33.8% | 34.9% | 37.3% | 7.9% | 76.3% | 29.3% |
| 債券 | 債券 | 債券 | 日欧株 | 新興国株 | 金 | 新興国株 | 金 | 金 | 不動産 | 不動産 |
| 11.6% | 8.4% | 10.2% | 39.0% | 25.8% | 17.8% | 29.4% | 30.5% | 4.9% | 30.5% | 26.6% |
| 金 | 金 | 不動産 | 不動産 | 日欧株 | 日欧株 | 日欧株 | 日欧株 | 米国株 | 米国株 | 新興国株 |
| -6.6% | 1.0% | 3.5% | 35.4% | 20.6% | 13.9% | 26.7% | 11.9% | -37.0% | 28.9% | 19.5% |
| 米国株 | 新興国株 | 新興国株 | 米国株 | 米国株 | 不動産 | 金 | 債券 | 不動産 | 日欧株 | 米国株 |
| -10.9% | -2.5% | -6.1% | 30.8% | 12.8% | 8.9% | 22.5% | 6.6% | -39.9% | 27.5% | 17.4% |
| 日欧株 | 米国株 | 日欧株 | 金 | 金 | 米国株 | 米国株 | 米国株 | 日欧株 | 金 | 日欧株 |
| -14.0% | -11.2% | -15.7% | 21.1% | 4.1% | 6.3% | 15.7% | 5.4% | -40.7% | 24.0% | 8.3% |
| 新興国株 | 日欧株 | 米国株 | 債券 | 債券 | 債券 | 債券 | 不動産 | 新興国株 | 債券 | 債券 |
| -30.7% | -21.3% | -20.5% | 4.1% | 3.8% | 2.3% | 3.9% | -18.0% | -52.5% | 3.0% | 6.4% |

(注) 各資産クラスに対応するETF(ETF設定前はインデックス等)の年次トータルリターン。米国株:VTI / Wilshire 5000、日欧株:VEA / MSCI EAFE Index、新興国株:VWO / MSCI Emerging Markets Index、債券:AGG / Bloomberg Barclays US Aggregate Bond Index、金:GLD / LBMA Gold Price、不動産:IYR / Dow Jones U.S. Real Estate Index

20年あまりのデータを見てわかることは、毎年のように、資産ごとのリターンの順位は大きく入れ替わっているということです。**米国株に限らず、他の資産であっても、一つの資産に集中して投資して、高いリターンを得られ続けるかどうかはわかりません。**「最近好調だから」という理由で選んで一つの資産に集中すると、実は高いリスクを負っている可能性もあります。

**資産を分散しておくことで、一つの資産に集中して投資するよりも、リスクを抑えることができます。**分散することで、ある資産の価格は下がっていたとしても、別の資産の価格が上がって、全体ではリスクを抑えてリターンを狙うことができます。

## 特定の資産が長期で高いリターンを得られるとは限らない

各資産クラスに対応するETFの年次トータルリターン(注)（2011～2021年）

| 2011 | 2012 | 2013 | 2014 | 2015 | 2016 | 2017 | 2018 | 2019 | 2020 | 2021（年） |
|---|---|---|---|---|---|---|---|---|---|---|
| 金 | 新興国株 | 米国株 | 不動産 | 不動産 | 米国株 | 新興国株 | 債券 | 米国株 | 金 | 不動産 |
| 9.6% | 19.2% | 33.5% | 26.7% | 1.6% | 12.8% | 31.5% | 0.1% | 30.7% | 24.8% | 38.7% |
| 債券 | 日欧株 | 日欧株 | 米国株 | 債券 | 新興国株 | 日欧株 | 金 | 不動産 | 米国株 | 米国株 |
| 7.7% | 18.6% | 21.8% | 12.5% | 0.5% | 12.2% | 26.4% | -1.9% | 28.2% | 21.0% | 25.7% |
| 不動産 | 不動産 | 不動産 | 債券 | 米国株 | 金 | 米国株 | 不動産 | 日欧株 | 新興国株 | 日欧株 |
| 5.5% | 18.2% | 1.2% | 6.0% | 0.4% | 8.0% | 21.2% | -4.3% | 22.6% | 15.2% | 11.7% |
| 米国株 | 米国株 | 債券 | 新興国株 | 日欧株 | 不動産 | 金 | 米国株 | 新興国株 | 日欧株 | 新興国株 |
| 1.0% | 16.5% | -2.0% | -0.1% | -0.4% | 7.0% | 12.8% | -5.2% | 20.8% | 9.7% | 1.3% |
| 日欧株 | 金 | 新興国株 | 金 | 金 | 日欧株 | 不動産 | 日欧株 | 金 | 債券 | 債券 |
| -12.3% | 6.6% | -4.9% | -2.2% | -10.7% | 2.7% | 9.3% | -14.8% | 17.9% | 7.5% | -1.8% |
| 新興国株 | 債券 | 金 | 日欧株 | 新興国株 | 債券 | 債券 | 新興国株 | 債券 | 不動産 | 金 |
| -18.8% | 3.8% | -28.3% | -6.0% | -15.8% | 2.4% | 3.6% | -14.8% | 8.5% | -5.3% | -4.1% |

（注） 各資産クラスに対応するETF（ETF設定前はインデックス等）の年次トータルリターン。米国株：VTI ／ Wilshire 5000、日欧株：VEA ／ MSCI EAFE Index、新興国株：VWO ／ MSCI Emerging Markets Index、債券：AGG ／ Bloomberg Barclays US Aggregate Bond Index、金：GLD ／ LBMA Gold Price、不動産：IYR ／ Dow Jones U.S. Real Estate Index

特に、株式だけではなく、株式とは異なる値動きをする債券などの資産に分散しておくことが重要です。株式の相場が悪いときには、債券のパフォーマンスがよくなることが多くなります。リスクを抑えて長く投資を続けるためには、資産の分散が重要なのです。

# 第5章

# どうして、わかっていても「長期・積立・分散」を続けられないのか

## 第5章のポイント

### 難易度3 ★★★

- 過去30年、日本経済はあまり成長してきませんでした。そのため、国内で積立投資を続けても、安定した利益を得ることが難しく、成功体験が共有されてきませんでした。
- 実際に、長期投資を続けようと思っても、実はさまざまな困難が待ち受けています。せっかく長く続けるつもりで始めた資産運用を諦めてしまうのは、もったいないことです。あらかじめどのような困難があるのかや、陥りやすい失敗について知っておくことが大切です。
- 始めたばかりで資産の増減が気になるタイミング、金融危機で資産が減り始めるタイミング、大きく減った後に回復したタイミングなど、諦めてしまいたくなる場面を具体的に説明します。
- 「投資」の意味を正しく理解しておくことも重要です。よく間違われやすい「投機」や「ギャンブル」との違いは、みんなで一緒に元本を増やしていけるかどうかです。

## 日本には、「長期・積立・分散」の成功体験がない

アメリカ人である妻の両親は、若い頃から職場の福利厚生で、「長期・積立・分散」の資産運用を20年以上続けていました。その結果、数億円の金融資産を築き、富裕層の仲間入りを果たしました。義理の両親は特別な金融の知識や経験を持っていたわけではありません。アメリカに、普通の人でも利用できる資産運用サービスがあったからこそ、「長期・積立・分散」を実践することができました。

一方で日本ではどうなっているでしょう。ご自身のまわりで、長期の資産運用を続けて資産を築いたという方の事例は、ほとんど思い当たらないのではないでしょうか。
日本人である私自身の両親は、バブル崩壊以降は株取引などはほとんどしたことがなく、金融資産のほとんどすべてが預貯金でした。これは決して私の家族に限った話ではないはずです。しかしそれも無理はありません。

## 日経平均株価の推移

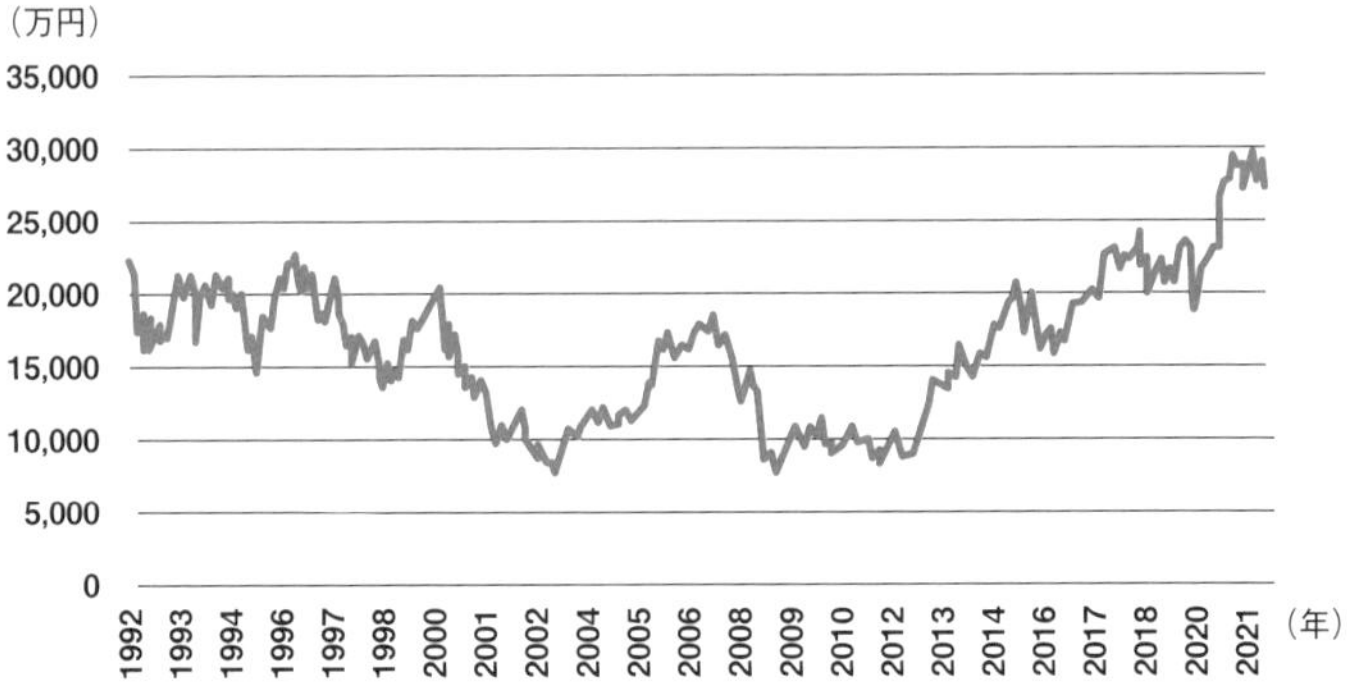


国内外の資産にバランスよく投資できる投資信託やロボアドバイザーのようなサービスが多く登場してきたのは、この10年以内のことです。日本で、普通の働く世代が「長期・積立・分散」の資産運用に取り組めるようになったのはごく最近のことです。少なくとも10年以上の期間を必要とする長期投資の成果は、まだ表れていません。

### 日本では短期売買を繰り返さないと儲からなかった

バブル崩壊以降、30年間の日経平均株価を見ても、最初の20年は低迷が続いていました。アベノミクス以降は株価が上がり始めましたが、ほとんどの期間は、スタート時点の株価を下回っていたことになります。

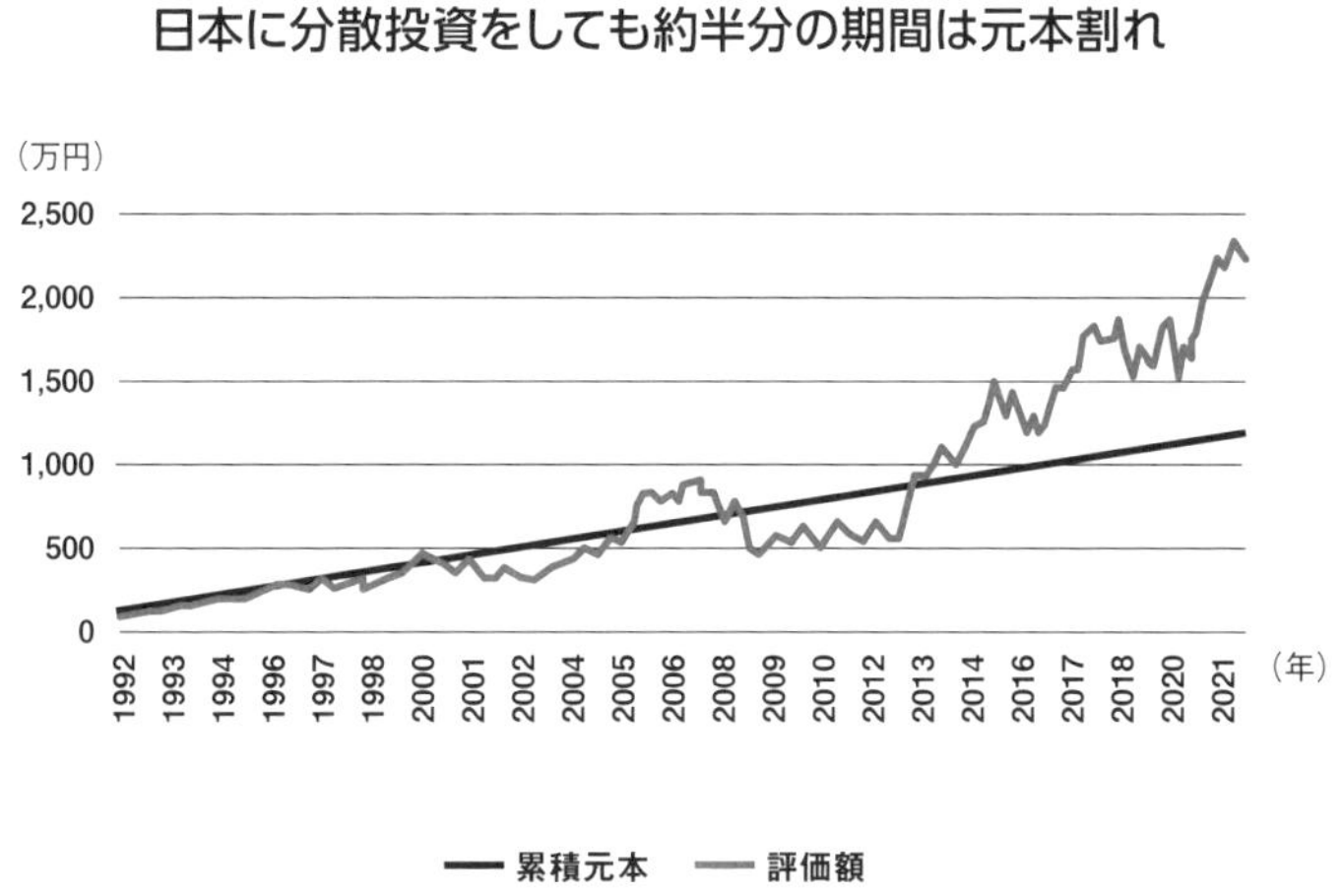


**日経平均だけを見ると、長く持ち続けていればリターンを得られるという発想にはならなかった**と思います。

それでは、日本株に積立投資をしていたらどうなったでしょうか。上の図は、1992年からの30年間、日本株に対して当初100万円、毎月3万円の積立投資を行った場合のリターンを示しています。[*1]

30年間の累積元本は1180万円、評価額は2160万円と、約1・8倍に増えました。先ほどの日経平均株価の推移と比べると、スタート時の価格を下回っている期間が短くなっており、積立の効果があった

＊1　東証株価指数（TOPIX）に投資したと仮定し、手数料として年間0・5％を控除。税金は考慮していない。

のがわかります。

しかし、**30年の約半分の期間は元本割れを起こしていた**となると、かなり長い期間、不安やストレスを抱えながら続けていたことになります。いずれは上がると信じて持ち続けていた人もいるかもしれませんが、多くの人にとっては、続けることは難しかったのではないでしょうか。

つまり、**日本国内に限定して資産運用を考えると、長期投資が成立しない時代が長く続いていた**のです。これでは、長期投資の成功体験は広がりません。また、元本割れを起こすことはない預貯金で資産を持っておいたほうが安心、と考えるのが合理的と言えます。

このため、仮に日本国内に限定して投資をしようとすると、短期売買を繰り返す以外に有効な選択肢がない時期が続いていました。長い目で見て資産価値が高まっていかないのであれば、短期的なスパンで考えて、「株価が下がったタイミングで買い、株価が上がったタイミングで売る」ということを繰り返すことによってしか、投資で利益を上げていくことはできないからです。

**この結果として、投資と言えば、「短期投資」というイメージが日本で定着する結果となりました。**現在でも、「投資」という言葉を聞いたときに、「世界中の資産に分散して長期投資する」というイメージよりも、「株式などを短期売買する」というイメージが思い浮かぶ方が多いのではないでしょうか。

また、株価が低いタイミングで買って、高いタイミングで売ると、手元には現金が残ります。そこで、株価が下がったタイミングでこの現金を再び投資にまわし、株価が上がったらまた売却するということを繰り返すことになります。このため、株価が上がったら、いったん売却して別の銘柄を買い直す、いわゆる「回転売買」が推奨されることとなりました。

このような、**「株価が下がったタイミングで買い、株価が上がったタイミングで売る」ことを繰り返す回転売買が日本で定着してしまいました。**長期投資に適しているとされる投資信託ですら、2020年時点では平均保有期間がわずか2・5年でした。[*2]また、売買のたびに2－3％の販売手数料がかかる金融商品も多く、過度の回転売買によって、むし

＊2　日経電子版「投信保有期間 じわり長期化、つみたてＮＩＳＡは短期化」（2021年4月26日）

ろ資産が目減りしてしまう、という問題も指摘されるようになりました。

**短期的な投資が定着してしまったことの最大の問題点は、そもそも、短期間のうちに利益を出すはずが、むしろ投資で損失を出してしまう人が多く、投資にマイナスのイメージがついてしまったことです。**タイミングを見計らって、「株価が下がったときに買って、株価が上がったときに売る」というのは一見すると簡単そうですが、実は金融のプロにとってすら容易ではありません。このため、実際には想定通りの結果が出ず、「投資に失敗した」「投資で損をした」という方も大勢います。

日本では長期投資よりも短期投資のほうがメインとなった結果、「投資は怖い」というマイナスのイメージが定着してしまう結果となりました。預貯金の金利がほぼゼロであるにもかかわらず、「貯蓄から投資へ」という動きが広がらず、主要先進国の中で日本だけが預貯金に資産が集中している状態が続いている背景には、このような日本特有の事情があります。

# 人が資産運用を諦めてしまいやすいタイミング

## 第一の罠：資産運用を始めたばかりの時期は一喜一憂してしまう

長期投資を続けるうえでの最初の罠は、資産運用を始めたばかりのタイミングで訪れます。長期投資を始めるときは誰でも、心の中で、いろいろな迷いや悩みが交錯するものです。

「いまは、始めるのによいタイミングだろうか。もう少し様子を見たほうがよいのではないか」と始める時期を悩むことはよくあります。

始めようとしても、「自分は正しいサービス（商品）を選んでいるのだろうか」、「いくらから始めるべきだろうか」、「まとめて投資するべきか、それとも何回かに分けて投資するべきか」などの具体的な悩みが生じます。あれこれ悩んでいるうちに、「そもそも自分は投資を始めてよいのだろうか」と感じるようになるなど、悩みの種はつきません。

長期投資を始めるには、まずは、こうした数々の悩みと迷いを断ち切り、最初の一歩を踏み出す必要があります。

そして、**最初の一歩を踏み出せばあとは全部うまくいく、ということであればよいのですが、残念ながら、現実はそうなりません。**

長期投資を始めたその瞬間から、不安な時期が続いたり、時に安心できたと思ったら、また不安な思いに駆られたりします。さらには喜びと悲しみに、交互に悩まされることになるのです。

最初は、資産の増減が気になりやすい

資産運用を始めて、わずかでも増えると、「資産運用を始めてよかった。自分の選択は正しかった」と安心します。預金の場合には、資産が増えたという実感を得られることはほとんどありません。資産が増えたという現実に「あっ、増えてる！」と喜びを感じる方も多いのではないでしょうか。

逆に、投資を始めて早々にリターンがマイナスになると、「やっぱり預金のままにしておいたほうがよかった」「始めるタイミングを間違ってしまったのではないか」と不安な気持ちになります。数日後にさらに資産が減ってしまうと、「資産運用を始めたのが、そもそも失敗だった」と考えがちになります。

実際に、長期投資を始めてすぐに挫折してしまう方は全体のごく一部に過ぎません。多くの人は、このまま長期投資を続けていくことを選択します。しかし、マイナスが続いた後でプラスになったタイミングで、「もうこれ以上、資産が減るのは見たくない」と考えてやめてしまう方も少ないながらも一定数います。

このように、**資産が増えたり減ったりして、リターンがゼロ近辺でプラスとマイナスを行き来する**ことが、資産運用を始めた後、半年から1年くらい続きます。そして、そのたびに、一喜一憂を繰り返し、心理的に疲れ果てて、長期投資を続けられなくなる方がいます。

実際に、30万人を超えるウェルスナビの利用者の行動データを分析してみても、**長期投資を始めた直後、特に最初の1年間で、最も挫折しやすい**ことがわかっています。

ウェルスナビの場合、サービスを使い始めてから途中で資産運用をやめる方は、平均して月1％未満という非常に低い水準です。ただ、利用開始から1年以内の方に限ってみると、資産運用をやめる方が、平均して月1％を超えています。その後、運用を長く続けるほど、やめる方の比率はだんだんと下がってきて、利用者全体では月1％未満となっているのです。最初1年間にやめる方が多いのは、この最初の罠と大きく関係していると考えるのが自然です。

## 一喜一憂してしまうメカニズム
### ――人はゼロ付近のリターンに不安を感じやすい

どうして長期投資のつもりで始めたのに、初期に挫折してしまうのでしょうか。そのメカニズムもわかっています。

第一の要因として、長期投資を始めたばかりのタイミングではその効果を実感できる機会が少ないことが挙げられます。**長期投資の効果はすぐに表れるものではなく、だんだんと時間をかけて表れます。**

このため、長期投資を始めたばかりでは、元本に比べて、資産がわずかに増えたり、わずかに減ったりを繰り返します。長期投資を始めてからしばらくの間は、その効果を実感できず、むしろ資産が減ることによる不安が先行してしまうのです。

第二の要因として、**私たち人間の脳は、リターンがゼロ近辺では、わずかなリターンの変化に一喜一憂しやすい**、ということが挙げられます。リターンがゼロに近く、プラスになったりマイナスになったりすると、私たちの脳は非常に大きなストレスを受け、気持ちが一喜一憂します。このことは、21世紀に入ってから何度かノーベル賞の対象となった行動経済学の研究で明らかになっています。

たとえば、昨日はわずかにプラスのリターンだったのが、1日で3％資産が減って、今日はマイナスのリターンになったとします。すると、脳は非常に大きなストレスを受ける

**リターンがゼロ付近では、わずかなリターンの変化に一喜一憂しやすい**

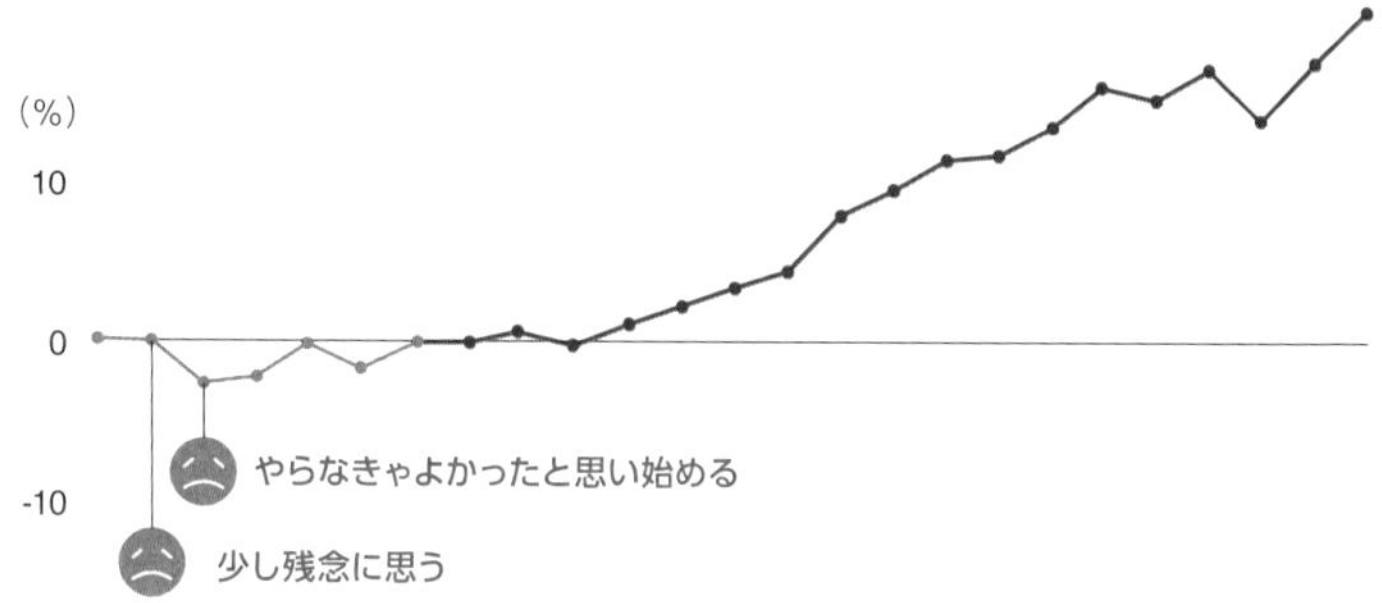


（注）　イメージ図

のです。毎日、資産運用の状況を確認したくなります。そして、確認するたびに一喜一憂してしまうのです。

　リターンがゼロから遠ざかるほど、一喜一憂しなくなる

**リターンがゼロ付近から遠ざかり、プラス20％くらいになると、脳が受ける影響は変わってきます。**たとえば、プラス20％のリターンが1日で3％下がったとしても、それほどストレスを受けません。それればかりか、まったく気づかないことすらあります。

　先ほども例に挙げたように、始めたばかりの、プラスとマイナスの付近をリターンが行ったり来たりしているときに、1日で3％も資産が減ったら大きなショックを受

**リターンがゼロから遠ざかるほど、一喜一憂しなくなる**

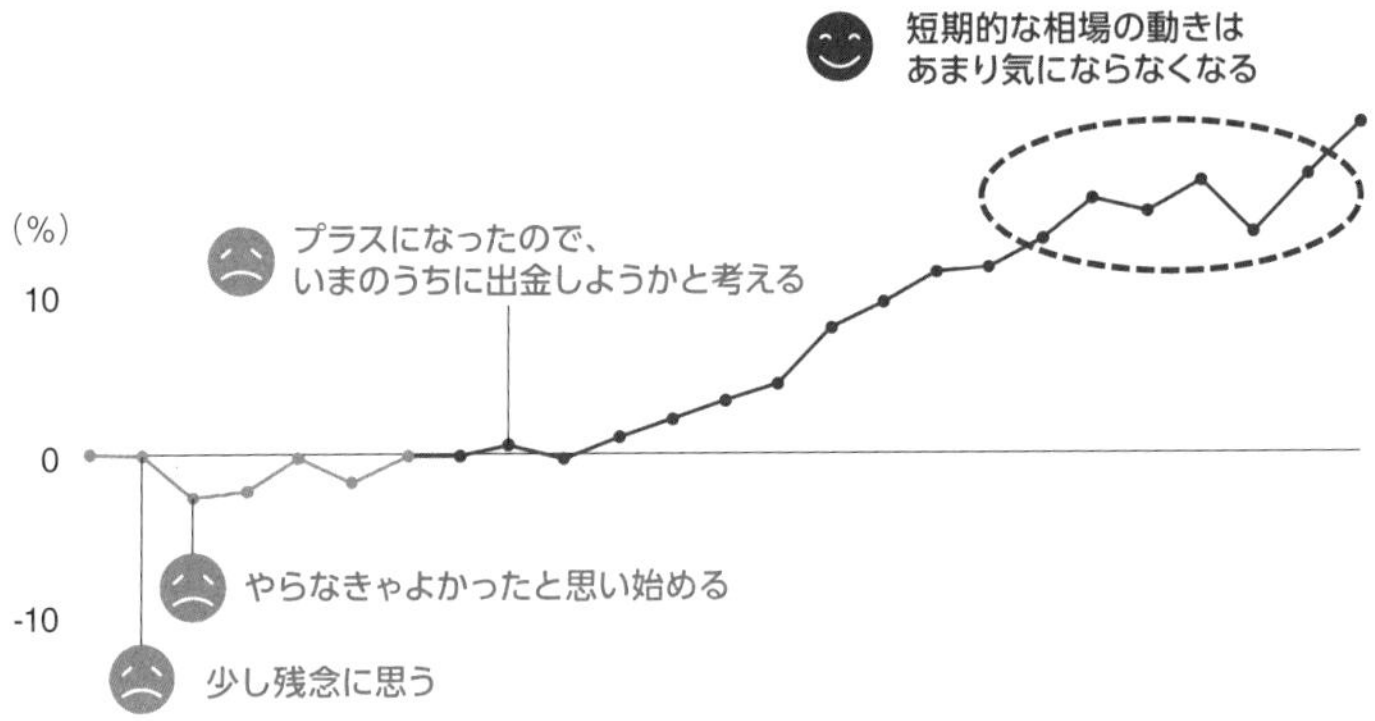
短期的な相場の動きは
あまり気にならなくなる
（%）
10
0
-10
プラスになったので、
いまのうちに出金しようかと考える
やらなきゃよかったと思い始める
少し残念に思う

（注） イメージ図

けます。しかし、長期投資の効果が表れてきて、リターンがゼロから離れていくと、私たち人間の脳はストレスを受けにくくなるものです。

しかし、この話を聞いて納得しない方もいるかもしれません。「資産が20%も増えれば、少しくらい減っても一喜一憂しないのは当然ではないか」という反論がありそうです。

では、リターンがマイナスの場合を考えてみましょう。リターンがゼロから離れていくとストレスを感じにくくなる、というのは、リターンが大きくマイナスになった場合も当てはまります。リターンがマイナス20%になり、そこからさらに1日で3%

減少したとします。その場合でも、やはり一喜一憂しないばかりか、資産が減少していることに気づかないことすら多いのです。

このことは、なんとなく想像がつくのではないでしょうか。**リターンが大きくマイナスになると、一種の諦めの境地に入ってしまい、そこから資産がわずかに増えたり減ったりしても、一喜一憂することはありません。株式投資で大きな損失を被った後、売却せずに、塩漬けにして放置している方が多いのもこれが理由です。**

このように、リターンがゼロから遠ざかる場合には、それがプラスに遠ざかる場合でも、マイナスに遠ざかる場合でも、一喜一憂しなくなります。逆に、**リターンがゼロに近いときには、わずかな資産の増減に私たち人間の脳は一喜一憂しがち**になります。長期投資を始めたばかりのときには、まだ慣れておらず、不安を感じています。まさにそのタイミングで、小さな相場の動きに一喜一憂し、大きなストレスにさらされることになります。

このため、長期投資に挫折する第一の罠は、長期投資を始めたばかりのタイミングで訪れるのです。

## 第二の罠：繰り返し訪れる金融危機で、積み上げてきたリターンが急に減ったタイミング

長期投資に挫折しそうになる第二の罠は、金融危機などで、積み上げてきたリターンが急に減ってしまうときに訪れます。

長期投資を始めてしばらくが経ち、リターンもある程度のプラスになっていたとします。そのタイミングで金融危機が発生し、**それまで積み上げてきたプラスのリターンが大きく減っていくと、資産の全部（あるいは一部）を売却して、安全な資産に移したくなることがあります**。安全な資産に移すことで、それ以上、資産が減るのを食い止めたくなるのです。

金融危機によってリターンが減っていくときには、1日や2日で一気に減るというわけではなく、毎日少しずつ、徐々に減っていきます。また、日によっては少し回復したと思ったら、翌日にはまた下がるということもよく起こります。

このような形で、せっかく増えていた資産が減っていくのを見ていると、不安が募るのは当然のことです。損益がまだプラスのうちに資産運用をやめて現金に戻したくなりがちです。

## 一時的にリスクを回避するのは、実は合理的ではない

長期投資をやめることで、資産の目減りを防ごうとするのは、私たち人間の自然な行動と言えます。しかし、これも冷静になって考えると実は合理的ではありません。

**金融危機などで多くの人がパニックになって売却しているときには、売りが売りを呼び、相場は過度に下がっていることが多い**ものです。少し時間が経って冷静さを取り戻すと、資産の価格は自然と戻ってきます。そして、長期的な目線で見ると、世界経済は金融危機を乗り越えて、成長を続けていきます。

金融危機で一時的に下がったから売ってしまうのではなく、**長期的な成長を見据えて、資産を持ち続けるほうが合理的**だと言えます。

**複数回の経済危機も、長期投資では影響が一時的**

1992年1月末から2022年1月末までのシミュレーション（当初1万ドル、毎月300ドル積立）

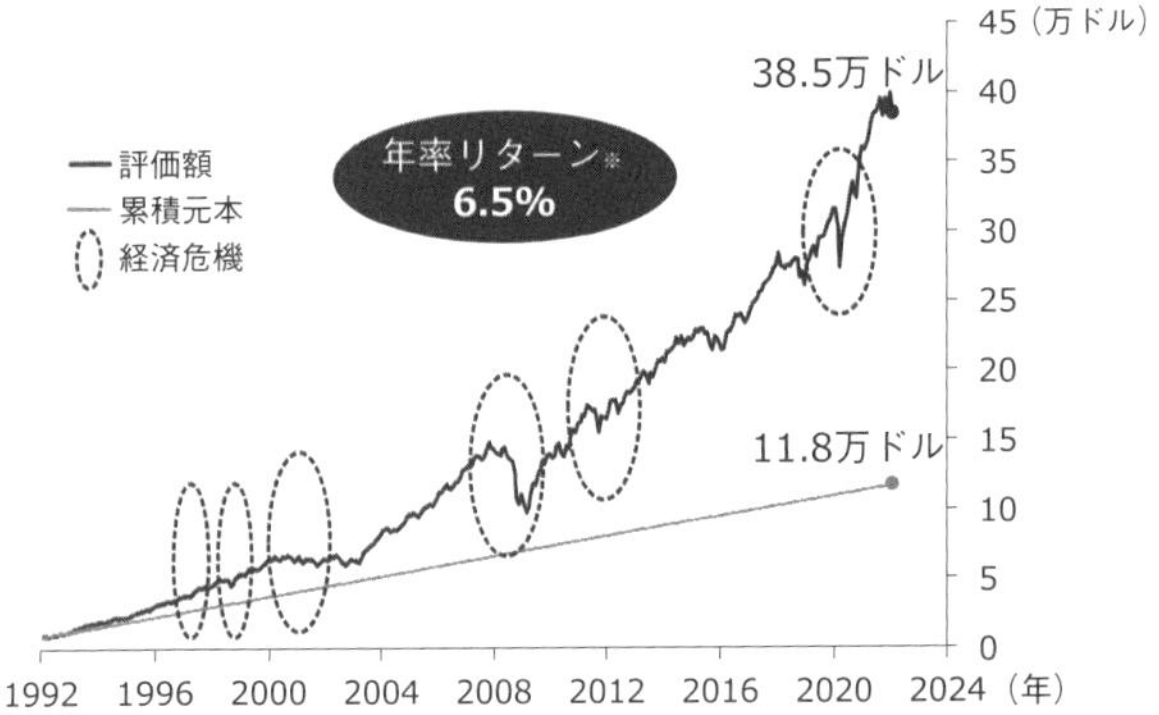


（注） 2017年4月時点のウェルスナビのリスク許容度3の推奨ポートフォリオ（米国株30.6%、日欧株21.5%、新興国株5.0%、米国債券29.1%、金8.8%、不動産5.0%）で毎月リバランスした想定で試算。年率1%（税別）の手数料を控除。税金は考慮せず

## 今後も金融危機は繰り返され、その度に危機を乗り越える

第3章でも見た通り、過去30年の間には、数え方にもよりますが、5~6回金融危機が発生しました。今後、20年、30年と資産運用を続けていく場合には、「もう二度と金融危機は起こらない」と考えるのではなく、やはり5~6回の金融危機に直面するという心構えでいるのが合理的です。

過去の金融危機においては、金融危機で下落相場が続いた後、一定の期間を経て相場は元の水準を超えて回復しました。

たとえばリーマン・ショックのときは、2008年から翌2009年にかけて、米国株全体が大きく落ち込みました。それから3年ほどの時間をかけて2011年の初めには元の水準に戻り、その後は上昇していきました。その間、資産を売らずに持ち続けていれば、結果的に資産を大きく増やすことができました。

相場が下がり始めたら、そのタイミングで安全な資産に移し、相場が回復してから投資を再開したほうがよいと思うかもしれません。しかし、相場を読むのはプロでも困難であり、そのような行動はなかなか取れません。**長期投資をすると決めたのであれば、金融危機があっても積立を中断せず、淡々と続けることで、リターンの最大化を目指せます。**

## 第三の罠：急減したリターンが回復すると、それ以上続けられなくなってしまう

第二の罠以上に注意が必要なのが、相場急落後の回復時に待っている、第三の罠です。

これは**資産が急減した後、徐々に金融危機前の水準まで回復してきて、プラスに戻ったタイミングで長期投資をやめたくなるという罠**です。

**コロナ・ショック時の相場急落局面でも、95%の利用者が資産運用を継続**

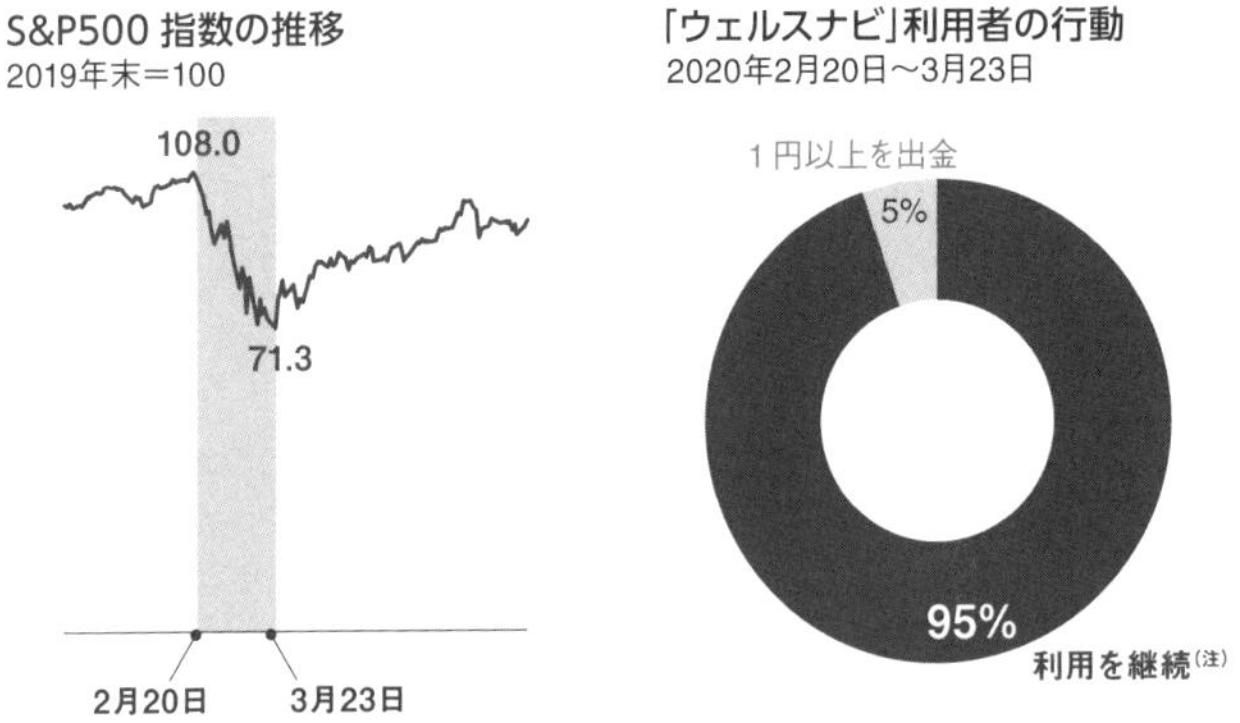


（注）「利用を継続」とは、上記期間の初日にETFの残高があり、期間中に一部または全部の出金（1円以上）がないことを指す

具体的な例を見てみましょう。

２０２０年の初めに世界中で新型コロナウイルスの感染が拡大した際、金融市場は大きく混乱しました。世界的に株価が大きく下落し、「パニック売り」と呼ばれる行動が連鎖しました。

コロナ・ショックの時は、２０１９年末のＳ＆Ｐ５００を１００とすると、１ヶ月で約３割下落した後、その後は回復していきました。

この時期、ウェルスナビでは、私自身のビデオメッセージを発したり、投資を続けていくうえでの疑問や不安にニュースレターやコラムでお応えするなど、利用者の方々の長期投資をサポートするための努力を懸命に続けました。

その成果もあってか、**相場が急落した1ヶ月間をみると、1円でも解約してお金を引き出した方は全体の5％に留まりました。つまり、95％の方はそのまま資産運用を継続したということになります**（さらに、そのうちの7割近くの方が、積立や一括での入金でウェルスナビで運用する資産を追加しました）。

それから半年あまりの間、相場は少しずつ回復していきました。そしてコロナ・ショックの発生から約9ヶ月が経った2020年11月には、S&P500はコロナ・ショック前の水準に戻り、さらに上昇していきました。

コロナ・ショックを乗り越えたこの時に、長期投資を中断する利用者が増えるのではないかと、私は懸念していました。そして、その懸念はまさしく現実のものとなりました。

**株価がコロナ・ショック前の水準まで回復した直後の1月あまり、コロナ・ショックの**

## コロナ・ショック後の相場変動と
## ウェルスナビ利用者の出金動向

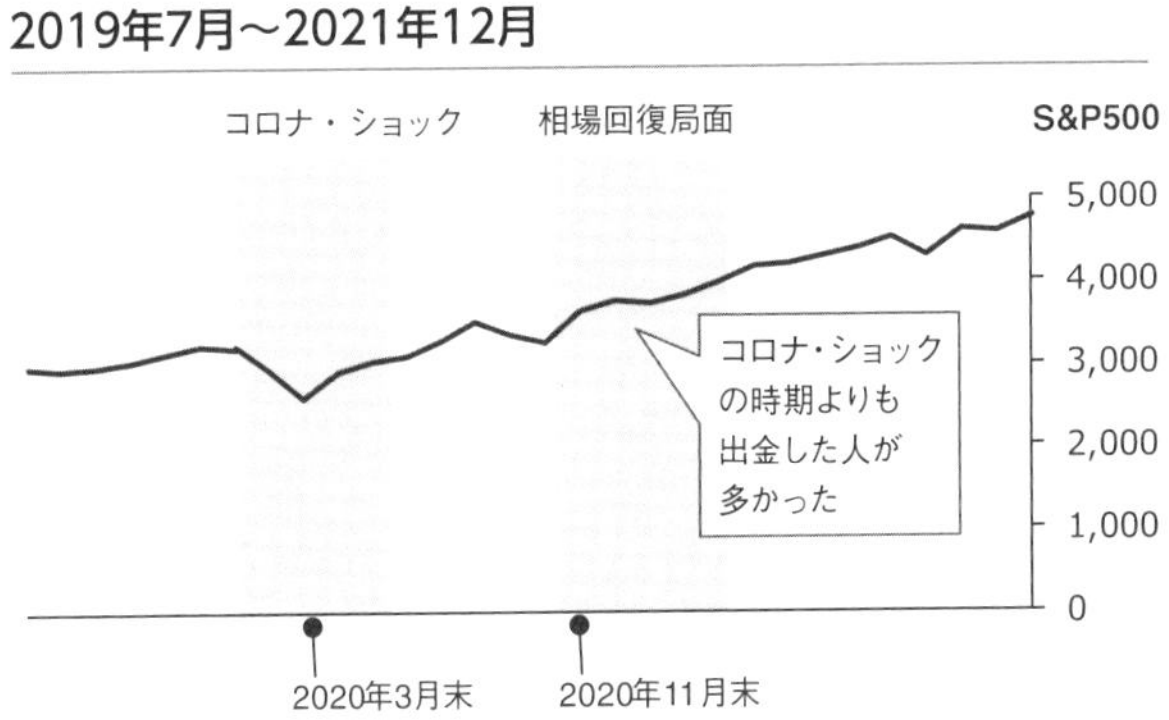


**最悪期を上回る数の利用者が長期投資を中断してしまった**のです。これが第三の罠です。

### 第三の罠の原因は「やれやれ売り」

金融危機での第二の罠を乗り越え、一度はマイナスになった資産が、徐々にゼロに近づいてきて、プラスに転じます。

まさにそのタイミングで、多くの人は「プラスのうちにやめてしまおう」「いったん売却して様子を見よう」と考えます。相場が回復したときに「やれやれ」という気持ちで安心して売ってしまうので、このような行動を「やれやれ売り」と呼びます。

過去のデータを見れば、マイナスからプラスに戻ったタイミングでやめずに持ち続けていれば、相場はその後も上昇していく可能性が高いことがわかっています。しかし、**損益がプラスからマイナスに変わる経験をした後だと、「また同じ経験はしたくない」という気持ちになりやすく、「やれやれ売り」の罠に陥りやすい**のです。

ウェルスナビの利用者のデータを分析すると、さらに興味深い事実が見えてきます。「やれやれ売り」をした利用者のうち、一定割合の方が、その後、さらに相場が上がると、ウェルスナビでの資産運用を再開したのです。

相場が上がってから資産運用を再開しているため、「やれやれ売り」をした時点よりも、高い株価で資産運用を再開していることになります。このため、「やれやれ売り」で資産運用を中断せずに、そのまま続けていたほうが得でした。「やれやれ売り」の心理的な罠を回避することが大切です。

私自身も、「やれやれ売り」をしたい誘惑に駆られたことがあります。ウェルスナビを創業する前、「長期・積立・分散」の資産運用を自分で始めたばかりの頃、しばらくプラスのリターンが続いた後でマイナスになり、またプラスに戻ったことがありました。

そのとき、「このタイミングで利益を確定したほうがよいのでは」と迷ったことを覚えています。しかし、その後も資産運用を続けて、リターンが20％を超えた頃から、短期的なリターンはまったくと言っていいほど気にならなくなりました。

## 長く続けるほど、長期投資の効果を実感しやすくなる

三つの罠を乗り越えて「長期・積立・分散」の資産運用を続けると、資産はどうなっていくのでしょうか。ウェルスナビのデータをもとにご説明します。

次のページの図は、ウェルスナビの運用期間別に、30万人以上の利用者のデータを集計したものです。

始めて半年、1年という時期には、マイナスのリターンの方がそれなりに多くいることがわかります。2年目になると、9割以上の方はプラスのリターンになっています。

さらに続けて、3年、4年、5年と運用期間が長くなるにつれて、プラス20％以上のリターンの割合が増えていきます。

## ウェルスナビを長期利用するほど、「長期・積立・分散」の有効性を実感

リターンがプラスの利用者の割合（利用年数ごと）
（2023年6月末）

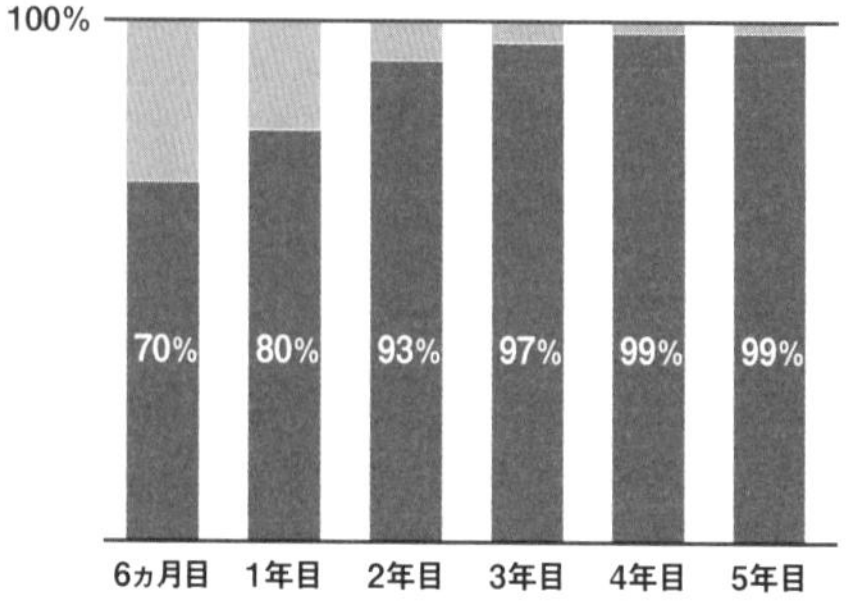


（注） 各月末時点で預かり有価証券の残高が1万円以上ある顧客を対象にした2023年6月末までの運用実績（運用開始月を0カ月目として、継続月数ごとに月末時点の各顧客の損益を取得。継続月数までに全額出金した顧客は除外。運用実績から手数料を控除）。リターンが0%の場合はプラスに含む

長期投資の目安は10年以上のため、5年という期間は、効果を見るにはまだ短いと言えます。ただ、続けることで、長期投資の成功に向けて前進しているイメージを持つことができるでしょう。

**長期投資を成功させるためには、不安に襲われずに済むような、安定したリターンを得られる時期まで、いかに我慢できるかが重要**です。そのためにも、諦めやすいタイミングを予め知っておくことが大切です。

## 人間の脳は資産運用に向いていない

そもそも資産運用をいつ始めるべきか、悩んでいる方も多いと思います。幸い長期投資では、いつ始めるべきかを気にする必要はありません。10年以上の長い時間をかけて続けることで、リターンは徐々に安定していくことが期待できるからです。

先ほど説明した通り、資産運用は長く続けるほど、効果を実感しやすくなります。**最初の時期は、始めるタイミングによってリターンに差が出る**ことがあります。しかし、長期投資を続けていくと、始めたタイミングによるリターンの差が、徐々に小さくなっていきます。

短期的な運用成績ではなく、未来のことだけを考えてみましょう。**日々の運用実績は気にしない、と割り切って考えることが大切**です。

## 損をしたくないという気持ちが正しい投資行動を阻害する

そもそも人間の脳は資産運用には向いていません。

投資では、「安く買って、高く売る」のが基本です。投資の経験があれば、この基本に忠実に行動できるかというと、そうではありません。頭では正しい行動がわかっていても、人はつい直感に従って行動してしまいます。そして、**投資では、直感に従って行動するとうまくいきません。**

行動経済学の研究では、同じ金額であれば、**「損をすること」による感情の揺れが、「得をすること」による感情の揺れの、およそ2倍になる**と言われています。同じ1000円の変化でも、お金が減ったときのほうが増えたときよりも感情が大きく動きがちです。

「損をしたくない」という感情を持つのは、自然なことです。ただ、長期投資を成功させるには、自然な感情に従って行動しないことが大切です。

具体的に見てみましょう。

## 長期投資で重要なリバランスの考え方を理解できても、実行は難しい

資産運用では、最初に、投資する資産の組み合わせと、資産の配分を決めます。その後、たとえば株式の価格が大きく上がると、配分比率も変わってしまいます。

第4章のコラムで説明した通り、配分比率を元に戻すことを「リバランス」と言います。

この**リバランスでは、値上がりした資産を売って、値下がりした資産を買います**。これは、「安く買って、高く売る」投資の基本の実践でもあります。

しかし、実際には、**多くの人は真逆の行動を取ってしまいます**。[*3]

＊3　アメリカの投資信託のデータを見ると、相場が大きく上がっている時期に多くの資金が入ってきて、金融危機で相場が大きく下がっている時期には、反対に資金が流出しています。

### 本来あるべきリバランスと真逆の行動を取りがち

| | リバランス | | 多くの投資家 |
|---|---|---|---|
| 値上がりした資産 | 一部を売却 | ⟷ | 追加で購入 |
| 値下がりした資産 | 追加で購入 | ⟷ | 一部を売却 |

値段が上がっている資産があると、「まだまだこれから上がるのではないか」と思って、さらに買いたくなります。逆に値段が下がっている資産があると、「さらに下がってしまうのではないか」と怖くなり、一部または全部を売ってしまいます。これでは、「高く買って安く売る」ですから、損をしてしまいます。

スーパーで肉や野菜が特売になっているとき、「いつもより多めに買っておこう」と思う方は多いのではないでしょうか。しかし、投資では真逆の行動を取ってしまいがちです。

このように、投資では、日常生活とは異なり、頭ではわかっていても、**損を恐れるあまり正しい行動を取るのが難しくなる**のです。

## たとえ結果がわかっていても、合理的に行動するのは難しい

投資では、人はつい、「高く買って安く売る」という不合理な行動を取ってしまいます。それでは、相場がこの先上がるか下がるかを、予測できたとしたらどうでしょうか。

実は、**結果がわかっていたとしても、合理的に行動できるとは限りません。**

次のページの図の条件で、AさんとBさんが資産運用をしたとします。AさんとBさんの1年の投資額は同じですが、始めた時期と毎月の積立額が異なります。

Aさんは、株価が1万円のときに資産運用をスタートしました。株価は下落して6500円まで下がった後、回復して1万1000円まで上昇しました。Bさんは、株価が6500円の底まで落ちて、回復し始めた時期に資産運用をスタートしました。その後、株価は上昇を続けていきました。

**資産運用はいつ始めるべきか？**

A：1月から毎月10万円ずつ投資した場合（計120万円）
B：5月から毎月15万円ずつ投資した場合（計120万円）

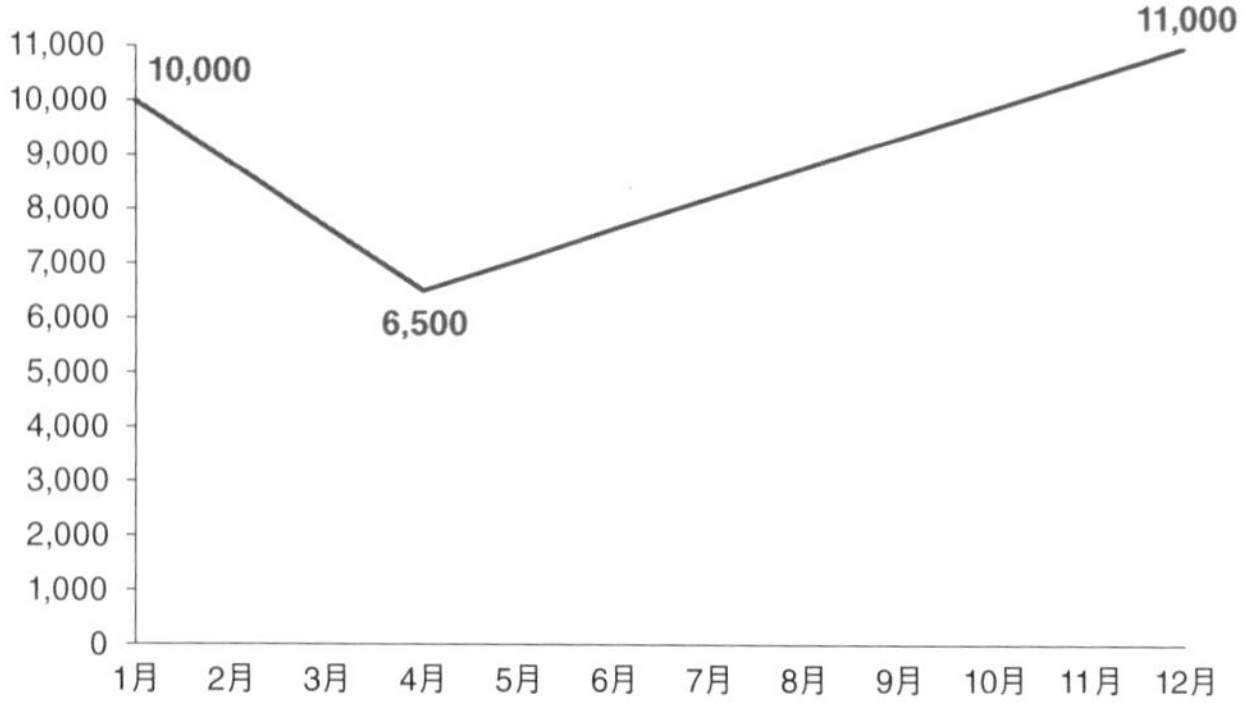


12月時点で、ＡさんとＢさんのうち、どちらのほうが資産を増やしていたでしょうか？

正解は、Ａさんです。株価が下がり切ってから始めたＢさんのほうが、成績がよかったはず、と思われた方も多いのではないでしょうか。

しかし、計算してみると、Ａさんの資産は１５４万円、Ｂさんの資産は１４９万円となります。株価が下がる場面でも積立を続けていたＡさんのほうが、より安く買えた分、リターンが高くなりました。

Ｂさんのほうが資産が増えそうだと思うのは、人間の心理として自然なことです。**人**

**間の脳は損失を嫌うので、株価が下がる局面をできる限り避けたいと思ってしまいます。**

たとえ結果がわかっていても、合理的に行動するのは困難です。他にもさまざまな事例の研究がありますが、共通して言えるのは、私たち人間の脳がいかに投資に向いていないか、ということです。直感に従うべきではない、というさらに極端な事例として、最後に投機やギャンブルについても触れたいと思います。

## 混同されやすい投資・投機・ギャンブルの違い

投資と思って始めたことが、実は投資ではなかったとしたら――。当然、思うような結果は得られません。お金を増やしたいと考えたとき、まずは「投資」「投機」「ギャンブル」の違いを知っておく必要があります。

この三つは同じようなものととらえられがちですが、仕組みが異なります。それぞれどういうことなのか、説明していきます。

## ギャンブルは、元本の残りを一部の人に配る仕組み

よく、投資はギャンブルのようなもの、という意見を目にしますが、明確に違います。ギャンブルの仕組みを考えてみましょう。

**ギャンブルは、参加者からお金を集めて、一部の勝者だけが利益を得る仕組みです。**宝くじや競馬などが代表的なギャンブルです。主催者は、参加する人に宝くじや馬券を販売し、お金を集めます。集めたお金が元手となり、それ以上増えることはありません。

そして、主催者は集めたお金から運営費や手数料などを差し引きます。そのうえで、残ったお金を参加者の一部に配ります。その際、参加者の一部は勝者あるいは当選者として元手より多くのお金を得られるようになっており、これがギャンブルの魅力となっています。

このようなギャンブルの仕組み上、**参加者が支払ったお金の総額に比べて、見返りとし**

**て得られるお金の総額は減っています。**

集めたお金のうち、宝くじであれば約半分、競馬であれば約4分の1が予め差し引かれます。残りが、参加者に払い戻されるお金にまわります。すべての参加者が得をすることはそもそも不可能で、残されたお金を巡って争うゲームです。

**ギャンブルでは、当選確率への期待が過大に見積もられるという問題もあります。**

多くの人が宝くじを買うのは、当選のチャンスが自分にもあると期待するからでしょう。ただ、当選金額が数億円の宝くじの場合、一等に当選する確率は、0・000001%、1000万分の1程度と言われています。冷静に考えると、とても当たりそうにない確率なのですが、多くの人は、「自分も当たるかもしれない」と過度な期待を持ちます。だからこそ、多くの人が参加して、仕組みが成り立ちます。

ギャンブルでは、参加者のうち、ほんの一部の幸運な人は大きな利益を得られますが、損をする人が圧倒的に多くなるよう設計されています。勝者への見返りを大きくしなければば、ギャンブルとしての魅力がなくなるからです。このため、投資対象の本質的な価値が上がることで、投資をした全員が利益を得られる可能性がある投資とは、仕組み上、まったく異なります。

ギャンブルは娯楽として、無理のない金額で楽しむ分にはよいと思います（ただし、中毒性があるため、気をつける必要があります）。しかし、資産を増やすことを過度に期待するのは禁物です。

## 投機は、元本を取り合う仕組み

では投機はどうでしょうか。「投機」と「投資」は一見まぎらわしいものです。*4

**投機では、短期的に利益を上げることを狙って、資産の売買を行います。これから価格が上がりそうな資産を予測して、「安く買って高く売る」タイミングを計ります。この場合、対象の資産を他の人がすぐに買いそうかどうかが、判断基準となります。**

株や不動産の価格は、多くの人が同じ時期に一斉に買うことで、短期間のうちに価格が大きく上がります。短期的に大きく価格が上がるのは、**対象の資産の本質的な価値が上がったからではなく、多くの人が買って、ブームになっているから**に過ぎません。そこに実体はありません。参加者は、投じたお金が長期的に増えることを期待するのではなく、売るタイミングだけに注目することになります。

投機では、ブームが来ることを察知して早い時期に市場に参加し、価格が上がっている途中で抜けられれば、利益を得ることができます。実際に、ヘッジファンドや一部の機関投資家など金融のプロは、投機によって収益を上げています。他の参加者よりも上手なタイミングで売り抜けられれば、見返りを得られる仕組みです。

しかし、売買のタイミングを当てることは、非常に難しいことです。同じ市場に参加している他の人たちが、どのタイミングで売買をするか予測できなければ、自分が勝つことはできません。タイミングをうまく当てられた人は見返りを得られますが、その分、裏側

＊4　英語では、投機はspeculation、投資はinvestmentという表現が使われ、両者は異なるものです。speculationは、不確かな情報に基づく推論や憶測、という意味合いで使われる単語です。

にはタイミングを外して損をする人がいます。

このような取引は、「ゼロサムゲーム」と呼ばれるものです。勝った人の利益と、負けた人の損失の合計（サム）がゼロだからです。互いの富を奪い合うゲームです。

投機は、短期的な値動きが大きい取引です。そのため、「ブームに乗って、特定の資産にお金を投じれば自分も儲けられるのではないか」、といった誘惑に駆られやすくなります。しかし、投機を専門としているプロが多く参加している市場で、初心者が勝ち続けることは非常に困難です。

## 投資は、元本をみんなで増やしていく仕組み

これに対して**投資は、長期的に価値が上がると見込んだ資産に、お金を投じる行動**です。短期的な値上がりを期待して売買を行うわけではありません。時間をかけてゆっくりとでも、本質的な価値が上がっていくと思われるものに、お金を投じます。

たとえば、ある企業の生み出すモノやサービスが多くの人に使われ、企業が成長を続けて、株価が上がっていくとします。その企業の株を長く持ち続けていれば、株主全員が見返りを得られます。短期で動く表面的な価格ではなく、経済の実態に沿って動く長期的な価格に期待する行動です。この場合、**参加者が投じたお金が増えていくことを期待しているので、全員が得をすることも可能**です。

「長期・積立・分散」の資産運用では、特定の企業だけでなく、多くの対象に分散して投資します。投じたお金が増えていくまでには時間がかかり、一部の企業や国は思うように成長しないかもしれません。しかし多くの投資対象に分散することで、経済が成長すれば、全体として資産が増えていくことが期待できます。

特に日本では、「投資は怖い」というイメージを持っている人も多いと思います。これは、長い時間をかけて資産の価値の上昇を待つ、本来の投資の姿が伝わってこなかったことが要因です。日本では、ギャンブルが投資として報道されたり、投機が行きすぎて、バブルを引き起こしたりしてきました。その一方で、長期で資産を保有する投資の成功体験は、根付いてきませんでした。

長期的に資産を築くことを目的とするのであれば、短期的なブームに乗るなど、きわめて低い確率に賭けてお金を投じることはおすすめできません。投資、それも「長期・積立・分散」によって、時間をかけて資産を増やすことを目指しましょう。

# 投資に「絶対」はない――トラブルに注意

序章で説明した「老後2000万円問題」の件に限らず、金融や投資のニュースは、より極端で、断定的で、人の気持ちを煽るような表現のほうが、正確な表現よりも拡散しやすい傾向があります。私たちは、そのような情報を無意識のうちに求めているのではないでしょうか。日々、情報に触れる際にはそのことに注意する必要があります。

世間に流れている投資の情報には、さまざまなものがあります。「投資」と聞いて思い浮かべるものは、人によって大きく異なるかもしれません。投資と聞くと、「騙される」「詐欺」といったイメージを真っ先に思い浮かべる方も多いのではないでしょうか。

実際に、投資を騙ったトラブルは増加しています。金融庁の統計によると、金融庁の相談室に寄せられた「詐欺的な投資勧誘に関する情報」は、近年増え続けています。[*5] 詐欺の被害にあった人の数も、20代以下の若い人から働く世代、70代以上の高齢者まで、全世代に満遍なく広がっています。読者の方でも、身近なところで投資詐欺の事例を見聞きした、あるいはご自身が詐欺にあったという方がいらっしゃるかもしれません。

気をつけなければいけないのは、**投資には必ずリスクが伴う**ということです。リスクとリターンは同じコインの表裏のような関係で、リスクを取らずにリターンだけ得ることはできません。**一定のリスクを取るからこそ、リターン（見返り）が得られるのです。**通常、高いリスクを取れば取るほど、高いリターンが期待できますが、その分、損をする可能性も高まります。

投資詐欺の多くは、「絶対儲かる」「低いリスクで高いリターンが得られる」「リスクは取らずにリターンが得られる」と言って近づいてきます。しかし、世の中にそのようなものはありません。**リスクを取らずに簡単に儲かると紹介されたものは、ねずみ講のような仕組みである可能性が非常に高い**と言えます。

ねずみ講は、自らが次の仲間を増やすことで、商品の販売先を開拓し続けて、利益を狙うものです。先にネットワークに入った人が、2人以上を勧誘して、連鎖的に組織を拡大させていく仕組みです。

勧誘されるときは、「ずっと会員が増えていく仕組みなので安定して利益が得られる」と説明されるのですが、冷静に考えれば、そんなことはあり得ません。人口は限られているので、会員の数を永久に増やし続けることはできません。いずれ限界が来て、破綻します。

そもそも無理のある仕組みで、ねずみ講は法律で禁止されています（似た仕組みのビジネスで、マルチ商法というものもあり、こちらは禁止まではされていません。しかし、トラブルは絶えず起こっています）。

本章で説明したように、本来の投資とは、経済の成長に対して、一定のリスクを取ってお金を投じるものです。リスクがない（または非常に低い）けれども確実に利益が得られる、と言われたらそれは詐欺だと疑いましょう。

＊5　金融庁ホームページ、「金融サービス利用者相談室」における相談等の受付状況等

# 第6章

# それでも、資産運用を続けたほうがいい理由

## 第6章のポイント

### 難易度2 ★★☆

- 困難を乗り越えて資産運用を続けることで、豊かな未来を築くことができます。資産運用によって得られるリターンの源泉は、世界経済の成長です。世界の人口が増えて、生産性が高まることで、資産は大きく増えていくことが期待できます。
- 資産運用を長く続けるには、「人間の脳は資産運用に向いていない」という前提で考える必要があります。感情に従って行動すると失敗しやすくなります。合理的に行動するために大切なのは、実は「何もしないこと」なのです。

## 世界経済は成長を続けていく

### r＞g：資本のリターンは経済成長率を上回る

「長期・積立・分散」の資産運用を行うことで、どれくらいの効果が期待できるのでしょうか。長期的には、平均で年4～6％ぐらいのリターンが期待できます。

2014年に、フランスの経済学者トマ・ピケティが書いた『21世紀の資本』[*1]という本が、世界的なベストセラーになりました。

この本の中では、「r＞g」という数式が示されています。rは投資で得られるリターン（returnの頭文字）、gは経済成長率（成長を示すgrowthの頭文字）です。

＊1　みすず書房、2014年

つまり、「r＞g」の数式は、**投資で得られるリターンが、世界の経済成長率よりも高い水準となる**ことを意味しています。

世界の経済成長率は、国際通貨基金（IMF）や世界銀行などの専門機関が予測を行っています。予測では、世界の経済成長率は、今後年3〜4％ぐらいで推移するとしています。

日本にいると、経済は成長していないように思えるかもしれません。しかし、**世界の多くの国では経済成長が続いており、将来の成長が見込まれている**ことがわかります。

その場合、投資によって得られるリターンは、4〜6％ぐらいが見込めます。これは経済成長率の3〜4％を少し上回る水準です。

なぜ、投資で得られるリターンが、経済成長率を上回るのでしょうか。その理由は、主に二つあります。

一つは、**投資はリスクを取ることで、リスクに対する見返りが得られる**からです。

投資には必ずリスクが伴います。リスクを取るからこそ、特別な見返りを得ることができるのです。投資や資産運用は確実に資産が増えるというものではなく、資産が減ってしまうリスクがあります。たとえば金融危機によって、少なくとも一時的には資産が減ってしまうリスクを取っているからこそ、中長期的には見返りとしてリターンを得ることができます。経済学では、この特別な見返りのことを「リスク・プレミアム」と呼びます。

また、投資で得た利益をさらに投資にまわすことで、利益はどんどん増えていくことが期待できます。これを複利効果と呼びます。第8章で改めて説明します。

二つ目は、**投資は税制上の優遇を受けられる**からです。

投資で得た利益には、通常、税金がかかります。これは日本に限らず、海外の先進国でも同じです。日本の場合は、税率は約20％となっています。一方、通常の経済活動で得た利益には、多くの場合、投資で得た利益よりも高い税金がかかります。

企業が上げた利益には法人税がかかり、その税率は多くの場合は、20％よりも高く設定されています。また、個人の収入には所得税がかかり、一定以上の所得がある場合は、20％よりも高い税率が課せられます。日本の場合、勤労所得への税率は最大で約55％となっています。

このように、**投資で得た利益は、企業がビジネスで得た利益や、個人が働いて得た収入よりも、低い税率で課税されています。**これは日本に限ったことではなく、多くの先進国で共通して見られる特徴です。その一つの理由としては、**投資を奨励することで、新しい産業を興し、発展させ、雇用を増やしていきたいという政策上の目標があります。**

第1章で説明した通り、個人も企業も時代の変化に合わせて変化し続けていくことが大切です。変化を恐れ、現状維持に汲々としていれば、時代の変化に取り残され、現状を維持することすら難しくなります。リスクを取って、新しいビジネスチャンスや新しい産業づくりに挑戦し続けていくことが大切で、その資金の出し手が投資家です。

ですから、**リスクを取って投資して成功した場合の利益にかかる税金を低く設定して投**

**資を奨励することが、多くの先進国に共通の政策**となっています。

ピケティは『21世紀の資本』の中で、「r＞g」の社会が続くと、格差が拡大すると説明しています。豊かな人は投資をして、資産をさらに増やし続けます。一方で、投資は行わず、自身が働いて得る収入だけに頼って生活する多くの人は、資産を経済成長と同じペースで増やしていくことになります。

日本で生活する場合、格差がより顕著になる可能性があります。日本では過去30年間、経済がほとんど成長しない状況が続きました。このままだと、日本では、海外の先進国以上に、「r＞g」の格差が広がる懸念があります。

それでは、格差社会から身を守るためには、どうすればよいのでしょうか。

鍵は、一人でも多くの人が、gの世界からrの世界へ移れるかどうかです。rの世界にいられるのは、多くの資産を持っている富裕層だけではありません。**普通の人であっても、投資を行うことで、経済の成長率を上回るペースで資産を増やすことを目指せます。**

誰でも「長期・積立・分散」の資産運用に取り組める社会にすることで、格差を乗り越えることは可能です。NISAは、多くの人が資産運用に取り組むために、積極的に活用できる制度だと思います。まさに「資産運用の民主化」です。

## 本質的な問いは、世界経済が成長し続けるかどうか

1992年からの30年間で、世界経済は約4倍に成長しました。世界の人口は増え、テクノロジーの進化が続いてきました。多くの国では、30年前よりも国民の生活が豊かになっています。

一方で日本はどうだったでしょうか。「失われた30年」と呼ばれるほど、経済は成長してきませんでした。**日本の国内総生産（GDP）は、1992年の3・9兆ドルから2022年の4・2兆ドルへと、ほとんど増えていません。このため日本国内にいるとなかなか気がづかないのですが、世界全体はどんどん発展していました。**

ここまでに説明してきたように、**過去30年、世界全体に投資をしていたとしたら、資産**

**過去30年間で世界経済は約4倍に成長**

1992年からの世界全体と日本の名目GDPの推移

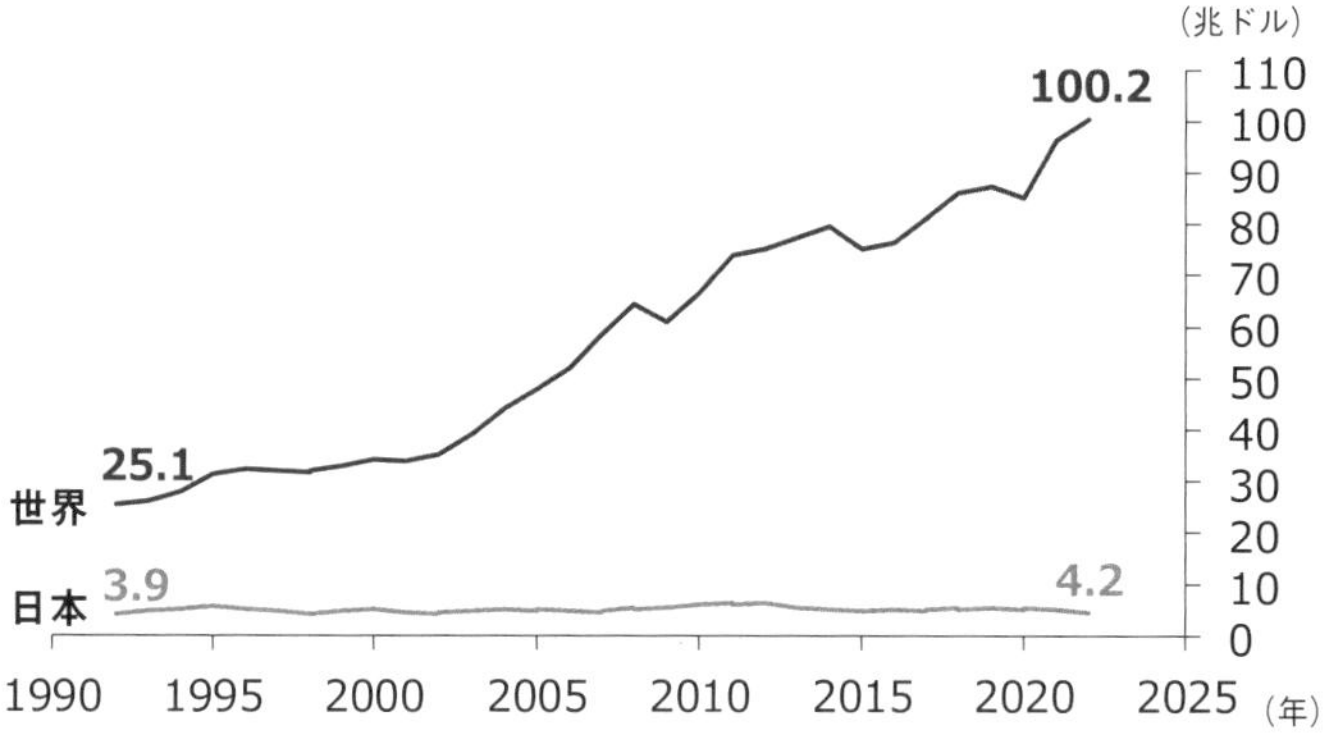


（注）　IMF「世界経済見通しデータベース」をもとに作成

**は大きく増えていた**と考えられます。

ここからは、未来のことを考えてみます。世界経済は、過去30年は成長してきましたが、果たして次の30年も成長するのでしょうか。

世界経済の規模は、人口×一人当たりGDPで決まります。

まず、人口について考えてみます。日本は人口が減り続けていますが、世界全体で見ると、多くの国で人口は増え続けます。国連の「世界人口推計」によると、世界の人口は2022年に約80億人でした。

## 本質的な問いは、今後も世界経済が成長するかどうか

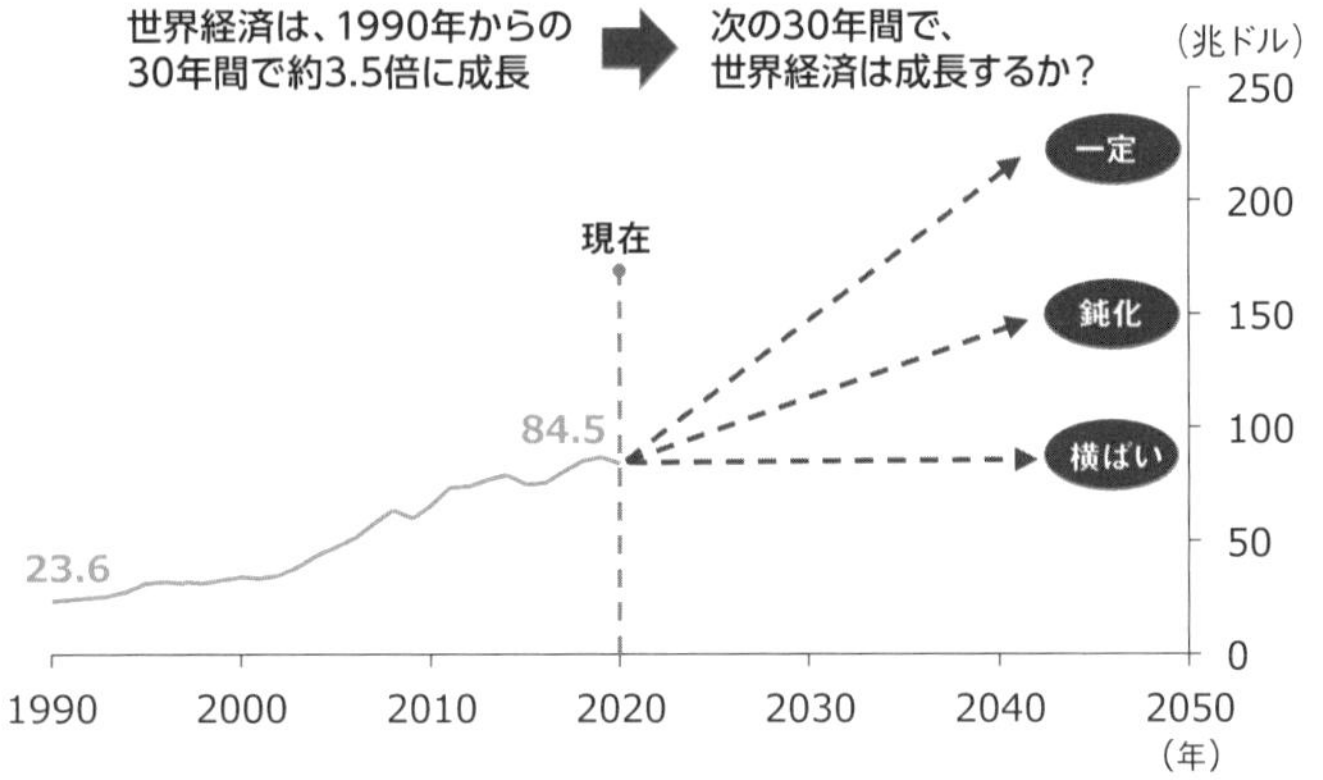


（注）　IMF「世界経済見通しデータベース」をもとに作成（2021年10月）

今後、2023年に約85億人、2050年には約97億人へと増える見通しです。さらにその後、100億人を超え、2080年代にピークに達すると予測されています。[*2] 今後60年は世界の人口は増え続けることになります。

次に、一人当たりGDPについて考えます。GDPとは、国内で生み出されたモノやサービスによって得られた金額のことです。私たち一人ひとりの生産性が高まると、一人当たりGDPも成長します。

今後の一人当たりGDPは成長すると期待されます。テクノロジーが進化して、一人ひとりが生産できるモノやサービスの量

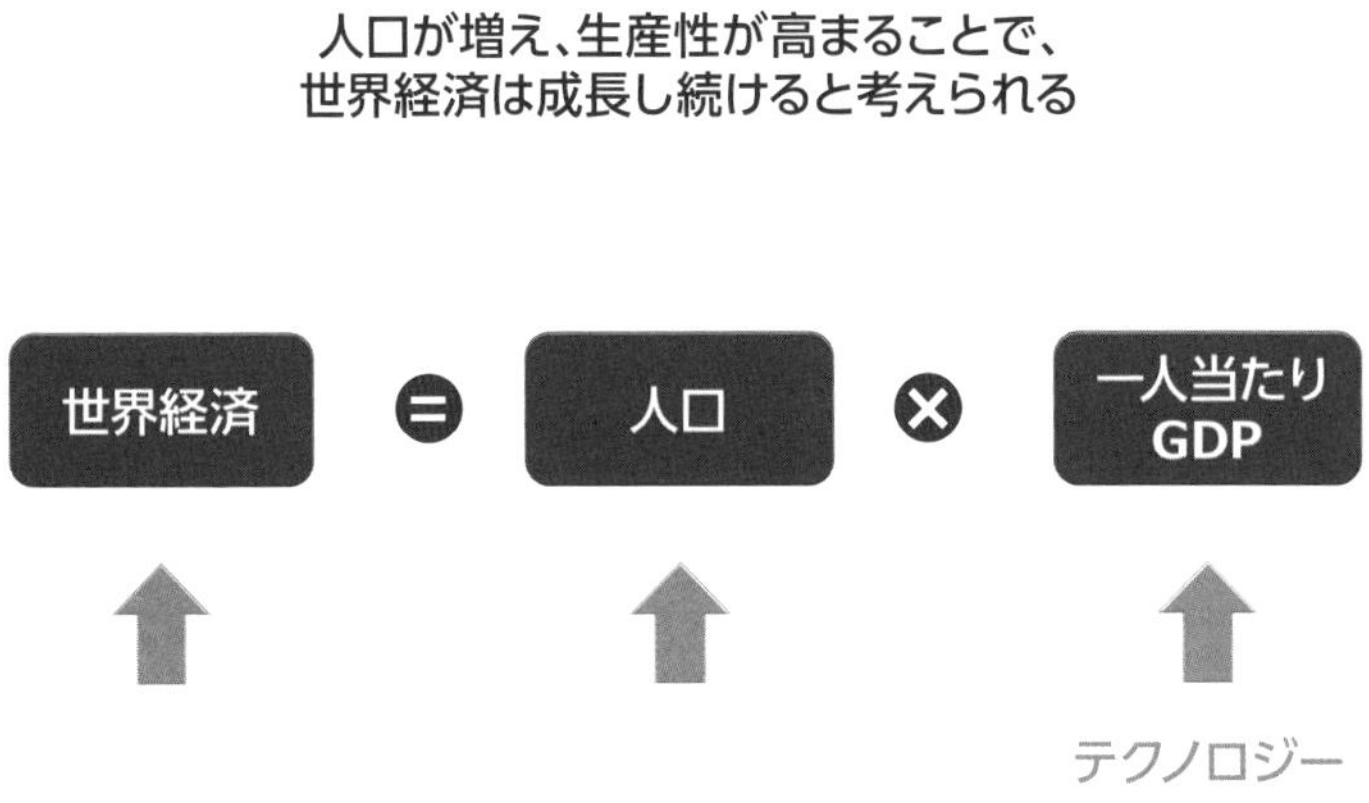
人口が増え、生産性が高まることで、
世界経済は成長し続けると考えられる
世界経済
人口
一人当たりGDP
テクノロジー

は増えるはずだからです。

最近では、生成ＡＩや自動運転など、新たなテクノロジーを使ったサービスが続々と生まれました。コロナ禍を経て、離れていても非対面で行えることがずいぶん増えたという方もいるのではないでしょうか。社会の多くの場面で、テクノロジーの進化を実感する機会が増えていると思います。

テクノロジーは、これまでにさまざまな社会の課題を解決してきました。今後、人口が増えることで、新たな社会課題が生まれるでしょう。新たな課題を解決するためにテクノロジーがさらに進化を遂げると、一

＊2　国際連合のプレスリリース "World population to reach 8 billion on 15 November 2022"

人ひとりが生み出すモノやサービスの価値が高まっていくはずです。

このような前提に立てば、**世界経済は今後も成長し続けると考えられます**。世界経済に幅広く分散して投資をすることで、世界経済の成長を上回るペースで、資本を増やすことを目指せます。

なお、セミナーなどでこの話をすると、ほぼ毎回、「世界経済は本当に成長し続けるのでしょうか」というご質問を受けます。その背景として、日本社会や日本経済の先行きについて、過度に悲観的な見方が広がっているように思います。

日本の場合、少子高齢化の進行により、人口がすでに減り始めています。そして、2020年には1億2615万人だった人口は、25年後の2045年には約1億880万人と、約16％減少します。[*3] 毎年0・6％ずつ、人口が減っていく計算になります。

このため、一人あたりGDPが増えなければ、日本経済は0・6％ずつ縮小していきます。一人あたりGDPが0・6％増加して、経済規模を維持できるということですので、言わば、**下りのエスカレーターを駆け足で登っていくような状況**です。

このような状況では日本経済の先行きについて悲観的になるのも無理はありませんし、毎日、日本で生活していれば、自然と、日本経済だけでなく世界経済にも同じような悲観的な見方が投影されてしまいます。

さらに、日本国内で海外の話題がトップ・ニュースで流れるときは、金融危機や自然災害、戦争など、ネガティブな話題であることが多く、逆に、**「世界経済が順調に成長している」といったことは日本国内でニュースになりません。**海外の状況について、どうしても悲観的なバイアスがかかってしまいます。

このため、**世界経済が日本経済を上回るスピードで成長している、という事実を私たちはつい過少評価してしまいがち**です。

では、日本経済が、人口が減少していく中で、成長するにはどうしたらよいのでしょう

＊3　国立社会保障・人口問題研究所「日本の将来推計人口（令和5年推計）」（2023年4月26日公表）

か。先ほどの図式に従えば、答えは一つ、**つまり、一人あたりＧＤＰを増やす以外にありません。そのためには、新しいテクノロジーを最大限活用して、生産性を上げていくことが必要です。**

実際、日本経済は、人口増加に加えて、生産性を上げることで、１９６８年に世界第2位の経済大国となり、その後、約40年間、その地位を維持しました。１９８０年代には、日本がアメリカを追い抜いて、やがて世界最大の経済大国となる、という予測もあったほどです。その背景には、特に製造業において、日本の生産性が特に高かったということが挙げられます。

その原因として、（真偽はわかりませんが）説明としてよく用いられるのは、日本は「鉄腕アトム」や「ドラえもん」が人気だったため、工業ロボットの導入による生産性の改善に積極的だったということです。対照的に、アメリカでは、「ロボットに仕事を奪われるのではないか」という恐れから、日本と同じような生産性を実現できなかったと言われています。

さすがにそれだけですべてを説明できるわけではありませんが、少なくとも、新しいテクノロジーの活用に、日本の製造業が積極的であったことは間違いありません。

それに対して、**現在の日本はどうでしょうか。新しいテクノロジーについて、導入による効果よりも弊害や副作用が優先的に議論されてしまい、結局、普及が進まないということもよく目にするのではないでしょうか。**これは、かつての停滞期のアメリカの姿に重なります。

確かに、未知の世界に足を踏み出すことは恐怖を伴います。また、現状維持を続けていった方が楽で、周りとの衝突を未然に回避できます。しかし、**人口が減っていく日本において、経済規模を維持しようとするならば、テクノロジーを積極的に導入・活用して、一人あたりの生産性を上げていく他に選択肢はありません。**

世界全体への分散投資について考えることで、このように、自分たち自身の社会のあり方についても、新しい視点を得ることができます。

# 友人が高リスクの金融商品を購入しようとしていたら

一般的に、お金に余裕のある人ほど、投資では高いリスクを取りやすくなります。総資産の額が大きければ、その一部を投資にまわして損失が出たとしても、残っているお金は多いからです。

しかし、**現実には、損失を出す可能性はあまり気にせず、リスクの高い商品に手を出している人も多く見られます**。高いリスクの商品は、高いリターンを売りにしていることが多いので、大きな儲けが期待できるように見えます。私の友人でも「こんなお得な金融商品があった」と、高いリスクに気づかずに購入しようとしていることがあります。

金融機関に大きなお金を預けている人は、自分が上客だという意識があるので、「金融機関は、お得意様向けの特別な商品を用意しているはず」と考えます。複数の金融機関と取引をしていると、各社の担当者が代わる代わる提案にやってきます。各社から提案される想定利回りが何％、という商品を比べて、「もっと高い利回りの商品はないのか」と、金融機関の担当者に言ったりしているというようなことも耳にすることがあります。

さらに、高いリスクの金融商品は、総じて手数料が高いため、金融機関も熱心にすすめてきます。しかし、リスクを知らずに投資をしていれば、いつか大きな価格の下落があったとき、「聞いていた話と違う」とショックを受けるでしょう。

リスクを知らずに投資をしてしまうのは、金融機関の担当者の説明が十分でなかった場合もあれば、説明を受けたにもかかわらず都合のよいところだけ覚えていて、リスクには気を留めていなかった場合もあるでしょう。

ただ、**金融商品のよいところは、販売用の資料にリスクをすべて明示しなければいけないというルールがあるところです。**友人から相談を受けた際に、「その商品はリスクが高すぎるのでやめたほうがいいのでは」とアドバイスをしても、リターンにばかり目が向いているあまり耳を傾けてくれないことが多いのですが、「ここにリスクが書いてありますよ」と言うと、「あっ、本当だ。気がつかなかった」と、冷静になることがあります。

一般的に、**リスクの表示は目立たないことが多いので、知らない人は見逃しがち**です。ただし、読んでみれば、自分がいかにさまざまなリスクを抱えようとしていたかがわかります。

高いリターンには必ず相応のリスクがついてきます。「あなただけに紹介する特別な金融商品です」という言葉を信じて、安易に飛びつかないようにしましょう。

# 第7章

# 実際にNISAを始めてみよう

## 第7章のポイント

### 難易度3 ★★★

- 「長期・積立・分散」を新しいNISA口座で実践するためには、まずNISA口座での資産運用の方針を決めましょう。新しいNISAのメリットを最大限に活かすには、「つみたて投資枠」と「成長投資枠」の2つの非課税枠をうまく組み合わせる必要があります。
- 長期の資産運用では、ライフステージの変化に合わせてリスクを抑えるため、株式だけでなく、債券などさまざまな資産に幅広く分散することが大切です。分散投資の具体的な方法を紹介します。
- NISA口座を開く際には、どのような商品に投資するかによって、選ぶべき金融機関が異なります。「長期・積立・分散」を実践するうえでは、投資信託や上場投資信託（ETF）に投資できれば十分といえます。また、従来のNISAやロボアドバイザーに関するよくある誤解についても解説します。

## NISA口座での資産運用の方針を決める

いよいよ、新しいNISA口座での資産運用について考えていきましょう。

ここまでの議論を振り返ると、まず資産運用の重要性を、次いで新しいNISA制度のメリットを説明しました。その後、資産運用の王道である「長期・積立・分散」の理論と実践を説明しました。そして本章では、「長期・積立・分散」の資産運用を、新しいNISAで実現する方法を説明していきます。

普通に考えれば、NISA制度のメリットを説明した後に、そのままNISAの使い方を説明するのが自然です。そうしなかったのは理由があります。

それは、**NISA制度に合わせて自分自身の資産運用を考えるのではなく、自分自身に合った資産運用の姿をイメージしたうえで、それをNISAで実現する方法を考えるべき**

だからです。さもないと、ＮＩＳＡ制度を使うつもりが、むしろ制度に使われてしまいます。

第4章で説明した通り、長期の資産運用では、さまざまな資産に分散することが重要です。株式だけではなく、債券や不動産など、株式とは違う値動きをする資産を組み合わせることで分散の効果が発揮され、リスクを抑えた資産運用が可能となるからです。

## 利用者から見える新しいＮＩＳＡ制度のジレンマ

第2章で説明した通り、新しいＮＩＳＡ制度では「つみたて投資枠」と「成長投資枠」という二つの非課税枠があります。

ここで新しいＮＩＳＡ制度の二つの非課税枠を詳細に見てみると、利用者目線では大きなジレンマに気づきます。

まず**１８００万円の生涯投資枠を最大限活用するためには、「つみたて投資枠」の活用**

**が欠かせません。1800万円の枠のうち600万円は「つみたて投資枠」専用だからです。**一方で、「つみたて投資枠」は対象商品が限定されており、その大部分が株式だけに投資する投資信託です。このため、「つみたて投資枠」では十分な分散投資を行いにくいという問題があります。[*1]

では、「成長投資枠」はどうでしょうか。**「成長投資枠」は、対象商品が非常に幅広く、分散投資を柔軟に行いやすくなっています。**「つみたて投資枠」の対象商品はすべて、「成長投資枠」で購入可能です。さらに、「成長投資枠」では債券や不動産、金などの投資信託にも投資できます。このため、「成長投資枠」だけでも、理想的な分散投資を実現できます。

「成長投資枠」にはさらにメリットがあります。**「成長投資枠」では一括で投資することもできれば積立もできます。**また「成長投資枠」の年間の非課税枠も「つみたて投資枠」の倍の240万円であり、ほとんどの人にとっては「成長投資枠」だけで充分すぎるほどです。

---

＊1　なお厳密には、「つみたて投資枠」の対象商品の中にも株式や債券などに分散して投資を行うことができる投資信託（いわゆる「バランスファンド」）もあります。しかし、そうした商品にも課題があり、後ほど解説します。

## 利用者目線の新しいNISA制度のジレンマ

| | | 新しいNISA つみたて投資枠 | 新しいNISA 成長投資枠 |
|---|---|---|---|
| 大きさ | 年間の非課税枠 | 120万円 | 240万円 |
| 大きさ | 生涯の非課税枠 | 1,800万円 | 1,200万円 |
| | | 合わせて1,800万円まで | |
| 柔軟性 | 投資方法 | 積立のみ | 積立も一括も両方可 |
| 柔軟性 | 投資対象 | 限定的（株式中心） | 幅広い |

ところが、１８００万円の生涯の非課税枠のうち６００万円が「つみたて投資枠」専用であるため、生涯の非課税枠を最大限に活用するためには、株式以外への分散投資を行いにくい「つみたて投資枠」をあえて利用する必要があるのです。

これは、新しいＮＩＳＡ制度を利用する私たち一人ひとりにとっては、制度上のジレンマとなっています。

このような新しいＮＩＳＡ制度のジレンマを念頭に、「つみたて投資枠」と「成長投資枠」を組み合わせて、「長期・積立・分散」の資産運用を実践する方法を考えていきましょう。

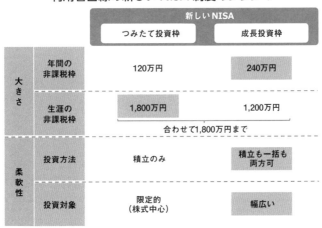

## 「つみたて投資枠」と「成長投資枠」をうまく組み合わせる

このように、新しいNISAでは、非課税メリットを活かしつつ、幅広い資産に分散して投資するために、「つみたて投資枠」と「成長投資枠」をうまく組み合わせる必要があります。

その際、複数の銘柄に同時に分散して投資する方法として、投資信託を活用します。投資信託とは、多数の投資家が資金を出し合うことで、複数の金融商品に分散して投資するための金融商品です。*2 また、投資信託の中には上場されていて、取引所で売買できるものもあり、上場投資信託（ETF）と呼ばれています。

*2 たとえば、2023年の1月から6月までの半年間、アマゾンの株価は80ドルから130ドルくらいを推移していましたので、アマゾン1株に投資するのに1－2万円かかります。仮に1株平均1万円として、1000社の株式を1株ずつ購入すると、それだけで1000万円が必要です。このように、個別の銘柄に直接投資をして分散投資を実現するには、まとまった資金が必要となります。これに対して、投資信託や上場投資信託（ETF）の場合には、多数の個人が資金を出し合うため、一人ひとりが投資する金額は少額で済みます。先ほどの例ですと、100人が10万円ずつ出し合って1000万円を集めれば、アマゾンを含む1000社に1株ずつ投資することができます。このため、個人が分散投資を行う際には、投資信託やETFは欠かせないツールとなっています。

投資信託やETFを使って、新しいNISAで十分な分散投資を実現するには、具体的には、次の三つの方法があります（なお、ここからは説明を簡潔にするため、「投資信託」という言葉は、投資信託とETFの両方を指します）。

①「つみたて投資枠」で株式の投資信託を、「成長投資枠」では株式、債券、金、不動産などの投資信託を幅広く購入する

②ロボアドバイザーのように、「つみたて投資枠」と「成長投資枠」を組み合わせ、株式、債券、金、不動産などの投資信託を幅広く自動で購入するサービスを活用する（①の自動化）

③「つみたて投資枠」と「成長投資枠」の両方で、株式や債券、不動産などに幅広く分散して投資するバランス型投資信託を購入する

## ①「つみたて投資枠」で株式の投資信託を、「成長投資枠」では株式、債券、金、不動産などの投資信託を幅広く購入する

第一の方法は、**「つみたて投資枠」では株式の投資信託を購入し、「成長投資枠」では株式や債券、金、不動産などの投資信託を幅広く購入するというものです。この方法によって、生涯の非課税枠を最大限に活用しながら、分散投資を実現することができます。**

先ほど説明した通り、1800万円の生涯の非課税枠のうち、600万円は「つみたて投資枠」専用です。そこで、すべてを「成長投資枠」に投資するのではなく、株式の一部（目安としてNISAで投資する金額の1／3）を「つみたて投資枠」に振り向けます。

具体例を見てみましょう。毎年60万円を新しいNISAで投資するとします。また、60万円のうち48万円（全体の8割）を株式に投資し、残り12万円（全体の2割）を債券や金、不動産などに投資するとします。

生涯の非課税枠を最大限に活用するには、全体の1／3を「つみたて投資枠」で投資し

ておけばよいので、年間60万円のうち20万円は「つみたて投資枠」を利用することとなります。

以上の例をまとめると、年間の投資額の振り分けは、次の表の通りとなります。

| | 株式 | 債券、金、不動産など | 合計 |
|---|---|---|---|
| 「つみたて投資枠」 | 20万円 | — | 20万円（全体の1/3） |
| 「成長投資枠」 | 28万円 | 12万円 | 40万円（全体の2/3） |
| 合計 | 48万円（全体の8割） | 12万円（全体の2割） | 60万円 |

このアプローチが適切かどうか、二つの基準で検証してみましょう。

第一の基準は、**幅広い資産に分散することで、リスクを抑えた資産運用ができているか**です。上記の例では、年間の投資額60万円のうち、48万円（8割）が株式に、12万円（2割）が債券や金、不動産に幅広く分散されており、資産運用のリスクを抑える効果が期待できます。

第二の基準は、**非課税枠を有効活用できているか**です。まず、年間の非課税枠について見てみると、「つみたて投資枠」が20万円、「成長投資枠」が40万円と、それぞれ上限の120万円、240万円の枠内となっています（なお、新しいNISA制度では使い切れない非課税枠は翌年以降に使えますので、使い切る必要はありません）。

次に、生涯の非課税枠を見てみましょう。このペースで30年投資すると、「つみたて投資枠」が600万円、「成長投資枠」が1200万円となります。このため、「つみたて投資枠」専用の600万円を含む、1800万円の非課税枠を余すことなく活用できます。

この例では、幅広い資産への分散と、非課税枠の有効活用という二つの基準を満たしていることが確認されました。

一方、ここまで読んで、非常に複雑で理解しづらいと思われた方も多いと思います。二つの非課税枠の使い方を決めて、二つの非課税枠で複数の商品を組み合わせて購入する計算は、複雑で取引も大変という課題があります。

## ②ロボアドバイザーのように、「つみたて投資枠」と「成長投資枠」を組み合わせ、株式、債券、金、不動産などの投資信託に幅広く自動で投資するサービスを活用する

そこで、ロボアドバイザーのように、二つの非課税枠を組み合わせ、株式や債券、金、不動産などの投資信託に分散して投資するサービスを利用するという選択肢もあります。これは言わば、先ほどの①の自動化です。

おまかせの資産運用サービスは、海外には長い歴史があります。**日本の企業型確定拠出年金（いわゆる日本版401(k)）や、個人型確定拠出年金（iDeCo）のモデルとなったアメリカの制度では、専門家に資産配分や取引、リバランスや、リタイアに向けた資産配分の変更などをすべてまかせることが可能となっています。**

このような、いわゆる投資一任サービスは、もともとは富裕層向けのサービスとして生まれ、発展してきたのですが、テクノロジーの発展によって、10年ほど前からは、少額からでも利用できるようになりました。その中でも特に、ネットで完結する投資一任サービ

スは「ロボアドバイザー」と呼ばれており、日本では２０２２年に全体の預かり資産が１兆円を超えるまでに成長しています。

日本でも、**新しいＮＩＳＡの二つの非課税枠とうまく組み合わせつつ、リスクを抑えた幅広い分散投資を行うことが難しい場合には、プロやロボアドバイザーにまかせるという選択肢もあります。**

自分たちのサービスの説明をすると客観性がなくなってしまうのですが、ウェルスナビのようなロボアドバイザーを使って、新しいＮＩＳＡを活用することもできます。[*3]

ＮＩＳＡ口座を開設して入金すれば、あとは自動的に「つみたて投資枠」と「成長投資枠」をうまく活用して、株式だけでなく、債券や金、不動産などのさまざまな資産に自動で分散して投資します。その際、株式を多めにしてリスクを取るプランや、債券を多めにしてリスクを抑えるプランの中から、自分自身にあったものを選ぶことができます。

＊３　本書を執筆している時点で、従来のＮＩＳＡ制度に対応しているロボアドバイザーはウェルスナビだけです。また、２０２４年からの新しいＮＩＳＡへの対応を具体的に発表しているのもウェルスナビだけです。しかし、今後、新しいＮＩＳＡに対応するロボアドバイザーが増えてくると見込んでいます。利用する前に、ＮＩＳＡへの対応予定を確認しておくことをおすすめします。

また、**自分では難しいリバランスを自動で行うことも、ロボアドバイザーのメリットです**。[*4]ウェルスナビの場合は、原則として半年に一度、リバランスします。また、積立のタイミングで、株式や債券などを購入する割合を調整して、（売却を伴わない）リバランスも行います。このため、毎月の積立をしている方であれば、1ヶ月に一度はリバランスをしていることになります。

## ③「つみたて投資枠」と「成長投資枠」の両方で、株式や債券、不動産などに幅広く分散して投資するバランス型投資信託を購入する

ここまで説明した二つの方法は、自分で投資するか、ロボアドバイザーやプロにまかせるかという違いこそあれ、株式や債券など、資産の種類ごとに投資信託を選び、複数の投資信託を組み合わせるという点では同じです。

それに対して、一つの投資信託で資産を分散させる場合には、バランス型の投資信託（バランスファンド）を活用します。**バランスファンドとは、株式や債券、不動産などの複数の種類の資産に、一つの投資信託で分散投資するために開発された金融商品です。**

バランス型の投資信託を使う場合、大きく、二つのタイプがあります。一つは、株式の割合が決まっていて（たとえば株式が5割）、それを選ぶしかないというタイプです。

規模が大きく、かつ「つみたて投資枠」と「成長投資枠」の両方で活用できる代表的な商品の例として、たとえばセゾン投信の「セゾン・グローバルバランスファンド」があります。

これは、名前の通り、世界中に分散投資を行う投資信託です。資産配分の比率は株式と債券で半々で、自動でこの配分を維持してくれます。本書執筆時点では、純資産総額は4000億円近い規模で安定しています。[*5]

一方、**リスクを取れる現役世代にとっては、株式の割合が5割というのは低すぎます。**

おそらく、商品が設計された2007年時点では、働く世代の資産運用がまだ日本では一般的ではなく、退職世代をターゲットに商品性がデザインされたためではないかと推測し

＊4　リバランスについては、第4章のコラムを参照。
＊5　2023年10月現在

ます。

このため、現役世代が「セゾン・グローバルバランスファンド」を利用する場合には、株式のみの投資信託を追加で購入して、資産全体に占める株式の割合を高くすることを検討するべきです。

バランスファンドのもう一つのタイプは、最初から複数のバランス型の投資信託が用意されていて、リスクを取りたければ株式の割合が高いもの（たとえば株式が8割）、そうでなければ株式の割合が低いもの（たとえば株式が2割）を選択できるというものです。

このタイプのバランスファンドであれば、一つの投資信託で、自分自身にあった形での分散投資を実現することができます。しかし、本書執筆時点では、多くのバランスファンドは、規模があまり大きくありません。そのため、安定的に資産規模が成長しており、長期の資産運用のツールとしてふさわしいかを確認する必要があります。

## 新しいＮＩＳＡで長期的な資産運用を成功させるために

ここまでは、新しいＮＩＳＡ制度の二つの非課税枠をうまく活用し、株式だけでなく、債券や金、不動産などに幅広く分散して投資する手法を説明してきました。

新しいＮＩＳＡ制度は、従来のＮＩＳＡ制度とは違い、恒久的な制度です。このため、長期目線でＮＩＳＡ制度を利用した資産運用について考える必要があります。その際、自分自身のライフステージの変化を視野に入れておくことが大切です。

たとえば、20代から50代の**働き盛りで、リタイアするまでまだ10年以上ある時期には、「株式が8割、債券などが2割」といった配分で、株式中心で比較的リスクの高い資産運用がおすすめ**です。

その後、**リタイア時には、「株式6割、債券など4割」になるように、リスクを少しず**

長期の資産運用ではライフステージの変化に合わせて、
株式や債券の比率を変えていくことが大事

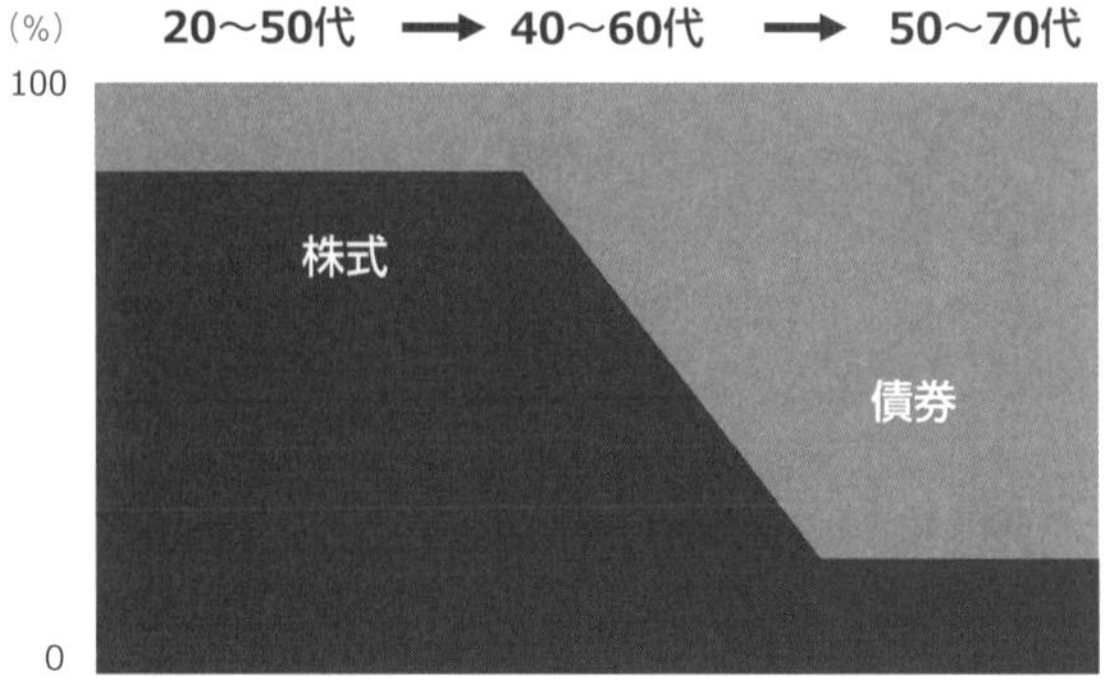


(注) イメージ図

**つ減らしていくのが理想だと言われています。**

リタイア後は、資産を減らさないことが重要になりますので、株式の比率はさらに下げて、債券を中心にすることをおすすめします。

なぜ、現役時代には、リスクを取って株式中心の資産運用をするべきなのでしょうか。その理由は大きく分けて三つあります。

第一に、長期投資は10年かそれ以上続けることで効果を発揮します。第3章で説明した、1992年から2022年までの30年間のシミュレーションを見ると、どの10年を切り取っても、世界の基軸通貨であるドル建てではプラスのリターンになっています（このシミュレーションでは、株式の割合を約6割に設定しています）。リタイアまで10年以上残っている場合には、長期投資の恩恵を受けることができるため、リスクを取って株式中心で資産運用ができます（ただし、その場合でも株式だけに投資することはおすすめしません）。

第二に、現役世代の場合には、積立でリスクを下げることができます。10年、20年と資産運用を続けていけば、ほぼ確実に金融危機に直面するため、金融危機をいかに乗り越えていくかが大切です。現役で働いていれば収入がありますので、リーマン・ショックのような金融危機の最中でも積立を続けることができ、その際には割安で投資できます。そのため、現役時代にはリスクを取って株式中心の資産運用が可能です（繰り返しですが、その場合でも、株式だけに投資することはおすすめしません）。そして、第4章で説明した通り、金融危機の最中に積立投資をした分は、株価が金融危機前の水準に戻った時点で、大きなプラスのリターンになります。

逆に、もしもリタイアしていた場合には、金融危機のタイミングで、積立などの方法で割安で投資をする元手がありません。

第三に、そもそも論として、お金を生み出す資産を広くとらえると、現役世代の場合には、まず自分自身が一番大きな資産です。このため、資産運用ではリスクを取りやすいのです。

わかりにくいと思いますので順に説明します。まず、日本人の平均年収は約440万円で、これは自分自身がお金を生み出す力です。[*6] これと同じだけのリターンを生み出すためには約1億円の金融資産が必要です。

たとえば、約1億円の金融資産があり、毎年の平均リターンが5%だと仮定した場合に、1億円の金融資産から毎年500万円のリターンを得ることができます。そこから約20%の税金を差し引いて、手取り収入は400万円です。つまり、400万円の年収を稼ぐ力は、約1億円の金融資産に相当するのです。

このように、現役世代の場合には、お金を生み出す資産の大部分を自分自身が占めており、これを「人的資本」と呼びます。リスクを取って株式中心で資産運用をしても、金融資産と人的資本を合わせた、お金を生み出す資産全体で見ると、それほどリスクを取っていないということになります。このことは、収入が安定している場合には、特に当てはまります。

その後、リタイアすると人的資本がゼロになり、お金を生み出す資産は、金融資産と年金を受け取る資格だけになります。このため、**リタイア後は、資産運用でリスクを取るよりも、いかに金融資産の価値が減らないように、リスクを抑えて資産運用をしていくかが大切となります。**

## ライフステージが進むにつれ、株式の比率を下げてリスクも下げる

そこで、先ほどの三つの手法について、長期的な資産運用を成功させる観点から何が必要となるのか、考えてみましょう。

＊6　2021年時点。国税庁「令和3年分民間給与実態統計調査」

## ①「つみたて投資枠」で株式の投資信託を、「成長投資枠」では株式、債券、金、不動産などの投資信託を幅広く購入する場合

複数の投資信託を組み合わせて購入することのメリットは、自分自身の状況、特にライフステージに合わせて、株式と債券の比率を変えられることです。

最初は株式の割合を8割で始めた場合でも、リタイアが近づくにつれて、積立などでの追加投資の比重を株式中心から債券中心に変えていくことで、リタイア時点での株式の割合を6割程度まで落としていくことができます。このように、ライフステージに合わせた資産運用が可能です。

ただし、これはシンプルに聞こえるものの、実際にはかなり複雑な計算となり、取引にも手間がかかります（あまりにも複雑なため、説明は省略します）。

実際には、そのまま放置してしまう方も多いのではないでしょうか。

しかし、その場合、リタイア時に資産の8割が株式となっている可能性があります。それはリスクが高すぎます。**リタイア時には収入がなくなり、人的資本がゼロになっていますから、金融資産と年金を受け取る資格だけが頼りです。**そのときまでに株式の比率を減らしておくことで、リスクを減らすことが大切です。

### ②ロボアドバイザーのように、「つみたて投資枠」と「成長投資枠」を組み合わせ、株式、債券、金、不動産などの投資信託に幅広く自動で投資するサービスを活用する場合

**プロやロボアドバイザーに資産運用をまかせる場合も、ライフステージに合わせて、株式と債券の比率を変えられるというメリットは同じです。さらに、そのための計算や実際の取引を、自分で行う必要はありません。方針を示すだけで十分です。**これは、多くの人にとっては、大きなメリットです。

先ほど説明した通り、ロボアドバイザーの場合、株式を多めにしてリスクを取るプランや、債券を多めにしてリスクを抑えるプランが最初から用意されています。その中から自分にあったプランを選ぶことができます。また、資産運用のプランは途中で変更できます。

新しいＮＩＳＡで、ライフステージに合わせて株式の比率を下げていく場合、このプラン変更の機能を応用することになります。また、ウェルスナビでは、将来的には、時間をかけて滑らかに資産配分を変更し、あたかもグライダーが高度を下げつつ滑空するかのように、少しずつ株式の比率を下げていく機能を開発したいと考えています。

### ③「つみたて投資枠」と「成長投資枠」の両方で、株式や債券、不動産などに幅広く分散して投資するバランス型投資信託を購入する場合

ライフステージに合わせてリスクを下げていく方法は、バランスファンドのタイプによって異なります。

まず、たとえば株式の比率が5割で固定されたものしか用意されていないタイプのバランスファンドの場合には、ライフステージに合わせてリスクを下げる機能がありません。

そこで、**リスクを取れる現役時代には、バランスファンドに加えて、株式の投資信託を購入することで、リスクを上げます。また、リタイアが近づくにつれて、株式の投資信託の代わりに債券の投資信託を追加で購入することで、株式の比率を下げ、リスクを下げて**

**いくことが可能です。**

次に、株式の割合が8割のものや、6割のもの、2割のものというように、複数の投資信託が最初から用意されているバランスファンドを利用している場合には、ライフステージに合わせてバランスファンドを乗り換えていくことになります。

たとえば、30代のときは株式の割合が8割のバランスファンドに投資し、50代のときは株式の割合が7割のものに乗り換え、さらにリタイア時には6割のものに乗り換えるといった具合です。この乗り換えのことを、専門用語で「スイッチング」と呼びます。[*7]

---

＊7　バランスファンドは非常に優れた金融商品ですが、スイッチングを行う際にデメリットが現れます。それは、スイッチングの際に利益が発生していれば、通常の口座では税金が余分に発生し、NISAのような非課税口座では非課税枠を余分に消費してしまうというものです。たとえば、株式の割合を8割から7割に下げるときには、本来であれば、株式を1割売却し、その売却代金で債券を買えば十分であり、資産の残りの部分（つまり資産全体の9割）では本来、何の取引も必要ないはずです。
ところが、バランスファンドの場合には、株式の比率が8割のバランスファンドを全額売却して、株式の比率が7割のバランスファンドを買い直す必要があります。その分、通常の口座であれば余分に税金がかかり、NISA口座であれば生涯の非課税枠が余分に消費されてしまいます。
通常の口座での本来必要のない税金の支払いを避けるため、海外の富裕層向けのサービスでは、バランスファンドを利用するのではなく、複数の投資信託を組み合わせて投資することが一般的です。そして、テクノロジーを活用して、富裕層でなくても利用できるようにしたのがロボアドバイザーです。
ロボアドバイザーではなく、バランスファンドを利用する個人投資家のためには、NISA制度の改正が必要です。具体的には、ライフステージに合わせてバランスファンドをスイッチングする際に、非課税枠はそのままで、バランスファンドの中身だけを入れ替えることが認められるべきです。

## 「株式だけに投資しておけばいい」という意見が日本で主流になっている理由

自分自身のライフステージを念頭に、現役のときにはリスクを取って株式中心（8割程度）で、リタイア時には株式の割合を6割程度まで減らし、その後はさらにリスクを抑えて株式の割合を半分以下に減らしていくという考え方は、アメリカをはじめ、グローバルには一般的な考え方です。

また、日本銀行に事務局を置き、中立公正の立場から金融に関する広報や教育活動を行っている金融広報中央委員会も、国民が最低限身につけるべき金融リテラシーとして、以下を挙げています[*8]。

●分散投資を行っていても、定期的に投資対象（投資する国や商品）の見直しが必要であることを理解している（一般社会人向け）

●年齢やライフスタイルなどを踏まえ、投資対象の配分比率を見直す必要があることを理解している（高齢者向け）

つみたてＮＩＳＡの制度を創設することを提案した金融庁の資料でも、「長期・積立・分散」の効果を検証するために、株式と債券に半分ずつ投資した場合のシミュレーションを行っています。[*9]

こうした考え方に共通しているのは、まず**株式だけに積立投資をするのが、「長期・積立・分散」の資産運用の本来の姿ではない**ということです。株式だけに集中投資するのではなく、債券など他の資産にも投資することで、分散効果を得ることができます。

さらに、**ライフステージに合わせて、その配分比率も変えるのが理想的な資産運用のあり方です。**

ところが、日本特有の事情として、なぜか、特にＮＩＳＡの話になると、「株式だけで積立投資をしておけばいい」という意見が、特にネット上で多く聞かれます。

アメリカの株式市場の調子がよかった２０２０年頃には、「米国株だけで積立投資をし

＊８　金融経済教育推進会議（事務局：金融広報中央委員会）「金融リテラシー・マップ（２０２３年６月改訂版）」
＊９　金融庁「平成27事務年度 金融レポート」

ておけばいい」「S&P500にだけ積立投資をしておけばいい」という意見が多かった印象があります。その後、アメリカで株価が下落すると、今度は、「全世界の株式にだけ積立投資をしておけばいい」という意見が増えてきました。いずれの意見も「株式だけ」という点では同じです。

株式だけに投資するのであれば、新しいNISAの二つの非課税枠のうち、「つみたて投資枠」だけを利用すれば十分です。新しいNISAを活用したシンプルな投資方法として、非常に魅力的に聞こえます。しかし、本来は、株式だけに集中投資するのではなく、より幅広い分散投資を目指すべきです。

ここで、「株式だけで積立投資をすればいい」という意見の源流をたどっていくと、金融や資産運用の専門家のアドバイスに行き当たります。

「まずは株式だけで積立投資をスタートすればいい」という意見には、「まずは」「最初は」「資産運用の額が少ないなら」といった限定条件がついていることに注意が必要です。

これは、先ほど説明した、現役で働いている時期は、リスクを取って株式中心（8割を目安）で資産運用できる、という考え方をさらにもう一歩、進めたものです。

つまり、資産運用を始めたばかりのときは、まだ大部分の資産が預金のままであったり、収入を稼ぐ力（人的資本）と比べて資産運用の額が小さいので、リスクを大きく取って、株式だけで資産運用をしてもいいのではないか、という考え方です。

この考え方自体は、間違っていません。しかし、この考えに立つのであれば、最初は株式だけで資産運用を始めたとしても、**資産運用の額が増えてきた場合には、「株式だけ」から卒業して、債券など、株式以外の資産にも幅広く分散して投資していくことが大切**になります。そうした全体像が伝わらずに、「まずは株式だけ」という入り口の部分だけが切り取られて広まっていることに不安を覚えます。

特に新しいＮＩＳＡは、恒久的な制度であり、最大で１８００万円まで投資をすることができます。このため、新しいＮＩＳＡで「まずは株式だけ」で投資を始めた後、ずっと「株式だけ」で追加で投資をしていくと、リタイア時に金融資産がすべて株式になってしまう可能性すらあります。万が一、そのタイミングでリーマン・ショックのような金融危機が発生すれば、収入がなくなったタイミングで、資産の半分近くを失うという結果を招きかねません。

この問題は、NISAが一時的な制度で、かつ、少額の投資制度であった2023年までは顕在化しませんでした。しかし、新しいNISA制度が恒久化し、生涯の非課税枠が1800万円と大幅に拡大したため、将来的には、私たち一人ひとりにとって深刻なリスクとなり得ます。

このため、新しいNISAで「まずは」「最初は」「株式だけで積立投資」をスタートする場合であっても、いずれはそこから卒業して、さまざまな種類の資産に分散した形での資産運用に切り替えていくことが大切です。

## NISA口座を開く金融機関を選ぶ

NISA口座の開設は、多くの金融機関で受け付けています。具体的には、

- 銀行
- 郵便局
- 信用金庫

●証券会社

の多くで、NISA口座の開設を受け付けています。この他、直販ビジネスを行っている独立系の資産運用会社などの中にも、NISA口座の開設を受け付けているところがあります。

なお、**新しいNISAで、投資信託と個別の株式の両方に投資したい場合には、証券会社でNISA口座を開設する必要がある**点に注意が必要です。日本では、証券会社だけが株式を取り扱うことができるからです。

その一方で、長期・積立・分散の資産運用をNISAで行うためには、投資信託やETFに投資できれば十分で、個別の株式への投資は特に必要ありません。

さらに、第4章で説明した通り、一般的には、個別の株式への投資は投資信託への投資と比べてリスクが高くなります。あえて個別の株式に投資したいという理由がなければ、証券会社でNISA口座を開設する必要はありません。

そもそも、投資をして利益が出ないと、NISA制度の非課税メリットもありません。このため、資産運用に成功し、利益が出る確率を少しでも上げるために、証券会社ではなく、リスクが高く、かつ難易度の高い個別の株式への投資ができない銀行などでＮＩＳＡ口座を開設する、という選択肢もあります。

なお、「つみたて投資枠」だけ利用する予定の場合には、どの金融機関を選んでも、商品ごとの手数料は変わりません。[*10] 金融機関を選ぶ際には、自分が投資する予定の商品を扱っているかどうか、事前に確認しましょう。

そのうえで、普段利用していて身近に感じている銀行を選んで預金と資産運用を一元的に管理するのもよいと思いますし、取扱商品が豊富なネット証券を選ぶのもよいでしょう。

なお、私たちウェルスナビの場合には、証券会社の資格自体は持っているのですが、「長期・積立・分散」の資産運用に特化しており、個別の株式の取引はあえて取り扱っていません。このため、「ＮＩＳＡでは長期・積立・分散の資産運用のみを行う」という方に向いています。

## 従来のNISAは、新しいNISAに置き換わらず、そのまま残る

新しいNISAの口座ができた後、従来のNISAはそのまま残ります。

**よくある誤解は、従来の「一般NISA」や「つみたてNISA」がそのまま、新しいNISAに置き換わるというもの**です。確かに、2022年6月に発表された日本政府の当初案では、そのはずでした。しかし、その半年後に発表された最終案では、従来のNISAは新しいNISAに置き換わらず、そのまま残る形に変更されました。

このため、たとえば、2023年まで一般NISAを利用していた場合は、従来のNISA口座は2024年以降もそのまま残り続けます。そして、2023年分のNISA口座は、5年の非課税期間が終了する2027年末で終了します。

＊10　金融庁のホームページに、取扱金融機関のリストが掲載されています。

## 従来のNISAと新しいNISAは並存する

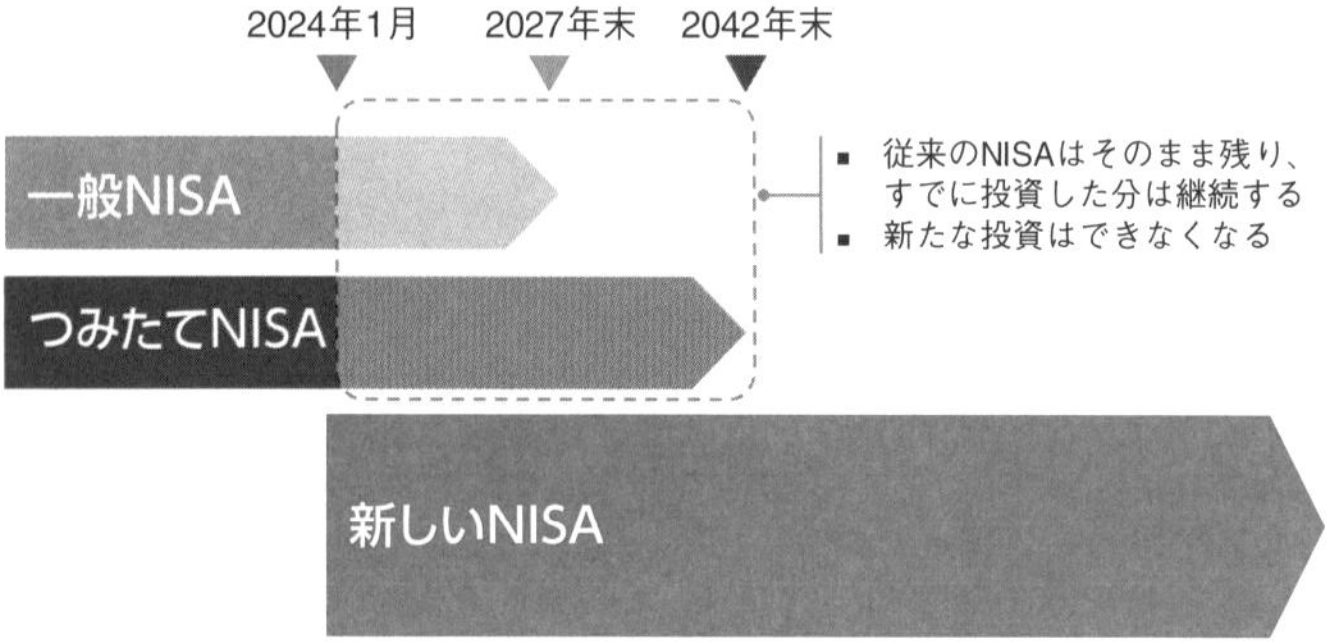


（注） 新しいNISA制度に合わせて、内容は変更となる可能性があります

同様に、２０２３年までつみたてＮＩＳＡを利用していた場合は、その口座は２０２４年以降も残ります。そして２０２３年分のつみたてＮＩＳＡ口座は、20年の非課税期間が終了する２０４２年末まで残ります。

そして、いずれの場合も、従来のＮＩＳＡ口座で持っている資産は、非課税期間が終了したタイミングで、通常の口座（課税口座）に払い出されることになります。

このように、**２０２３年までにＮＩＳＡ口座を開いていて、２０２４年以降も新しいＮＩＳＡを利用する人は、同じ金融機関で従来のＮＩＳＡ口座と新しいＮＩＳＡ口座という二つのＮＩＳＡ口座を持つ**ことになります。

コラム

## 使う時期が来たら、取り崩しながら資産運用を続ける

新しいNISAで資産運用を始めた後、退職後、**収入がなくなって、お金を使う時期が来たら、どうすればよいのでしょうか。おすすめは、資産運用をやめずに、続けることです。**その際、資産の配分は、債券の比率を高めておき、できるだけリスクを抑えて続けていきましょう。

多くの場合、貯めた資産を一度に使うのではなく、月々の生活などに必要な金額を少しずつ使っていくことになると思います。NISA口座から**一気に売却して現金化するのではなく、年金では足りない生活費の分だけ売却して、残りは資産運用を続ける**ことで、資産の寿命を伸ばせます。

長期の資産運用ではライフステージの変化に合わせて、
株式や債券の比率を変えていくことが大事

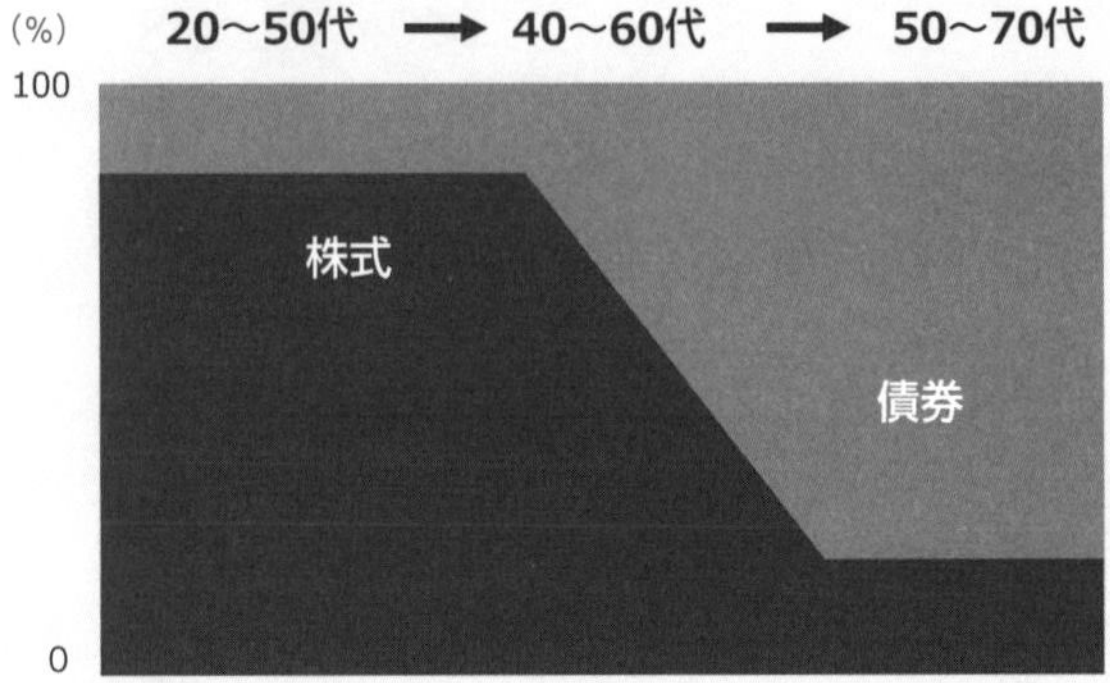

（注）イメージ図

資産を取り崩していくことのもう一つのメリットは、「時間の分散」ができることです。これは、資産を増やすときの積立と同じ考え方です。

仮にリタイア時に資産を一度に引き出す場合、金融危機の直後などで資産が減っているタイミングと、たまたま重なってしまう可能性があります。私自身も、フランスのビジネススクールへの留学を終えて日本に帰国する際、それまで持っていた投資信託を現金化しました。

そのとき、ちょうどリーマン・ショックの直後の、資産が減っているタイミングと重なってしまいました。帰国するため、売らざるを得なかったのですが、「このまま資産運用を続けられたら」と思ったのを覚えています。

**逆に取り崩す際にも、タイミングは気にせず、毎月、一定の金額を売却していけば、相場の影響を抑えることができます。**

一部の金融機関では、投資信託を少しずつ、自動で解約できるサービスを提供しています。ちなみにウェルスナビの場合も、北國銀行と共同で提供している「北國おまかせNavi」で、「定期受取機能」を提供しています。いまは利用者の多くが現役世代のため、使っている方は少ないのですが、今後、取り崩しへの期待が高まれば、提供範囲を広げていく予定です。

# ロボアドバイザーのよくある誤解

おまかせで投資ができるウェルスナビについて、一般的なイメージと、実際の利用者からの評価にギャップが生まれていることがよくあります。よくある誤解と、実際との違いについて、いくつか紹介します。

**よくある誤解1　ロボアドバイザーは投資初心者向けで、慣れてくると卒業して自分で運用するようになるのでは**

実際には、ウェルスナビの場合、投資経験者を中心に利用されている。むしろ、資産運用の期間が長くなるほど、やめる人の割合も低下し、継続率が上がる

オンラインで申し込みができて手軽に始められるロボアドバイザーは、投資初心者が最初のツールとして選んでいると思われている場合があります。もちろん、そういった方も多くいらっしゃると思うのですが、**ウェルスナビの利用者のうち、約7割が投資経験者**です。[*11]

もちろん投資経験者に選ばれているサービスであるため、投資初心者の方にも安心してご利用いただけているという側面もあると思います。しかし利用者の多くが投資初心者というのは、誤解です。

また、第5章でも紹介した通り、**サービスを使い始めてから途中で資産運用をやめる方は、平均して月1%未満**という非常に少ない水準です。そして、運用を長く続けるほど、継続率はだんだん上がっていく傾向にあります。つまり、投資に慣れてくると、卒業する方が増えるのではなく、むしろ逆です。

---

＊11　2023年6月30日時点の運用者のうち、申込時の「株・投資信託・外貨預金・FX・債券のいずれかの投資経験がありますか?」の質問に対して、「はい」と回答した人の割合

## よくある誤解2　ロボアドバイザーはおまかせの投資で自分では何もできないため、金融の知識が身につかないのでは

実際には、資産ごとの日々の値動きや為替の影響をアプリ上ですぐに見られるため、世界経済と自分の資産の関係がわかる。コラムやセミナーを熱心に視聴している利用者も多い

ウェルスナビの場合、「米国株」「日欧株」「新興国株」「債券」「金」「不動産」などの資産に分散して投資しています。これらの資産ごとに、日々の増減を確認できるようにしています。

たとえば、日々の値動きを見ていると、いまは米国株は下がっているけれども債券は上がっている、ということがわかります。そのときに、**報道されている世界のニュースと、自分の資産の値動きを結び付けて考えられるようになる方も多い**のではないかと思います。米国株だけ、あるいは全世界の株式だけ、といった一つの資産だけを持っている場

合、複数の資産の関係性はわかりません。

このため、金融の知識を身につけるという観点からも、ロボアドバイザーのように世界中の複数の種類の資産に分散して運用するのは、有効な選択肢です。

また、円建てとドル建ての両方で実績を見せているため、円安が進むと、円とドルのそれぞれの評価額はどう変わるのか、理解できます。

さらに、コラムやセミナーなどでも、「長期・積立・分散」の考え方を発信しています。コロナ禍で始めたオンラインのライブセミナーは、3年間で累計30万人以上の方が参加されました。[*12]

＊12　ウェルスナビ主催のオンラインセミナーの参加者数。2020年4月～2023年6月までの累計

## よくある誤解3　ロボアドバイザーは相談できる相手がいないので、金融危機が起こった際に対応できないのでは

実際には、ウェルスナビの場合、2020年のコロナ・ショックの際に1円以上を出金した利用者は、全体の5％だった。長期投資は続けたほうがよいというメッセージを動画やコラムで発信し、95％の方はそのまま運用を継続した

第5章でも紹介したように、長期投資では、金融危機は何度も繰り返すと考えるのが合理的です。ウェルスナビの利用者のうち、6割以上の方は10年以上利用したいという意向を持っています[*13]。長期投資を続けるつもりで、利用している方が多くを占めています。

また、相場が下がっている時期には、アプリ上でのメッセージや、コラム、セミナーなどで積極的に情報を発信するようにしています。金融危機が発生した際にも、危機を乗り越えて資産運用を続けた方が、相対的に多くなっています。

## ウェルスナビ利用者の利用予定年数

10年以上の利用意向が64％に達する

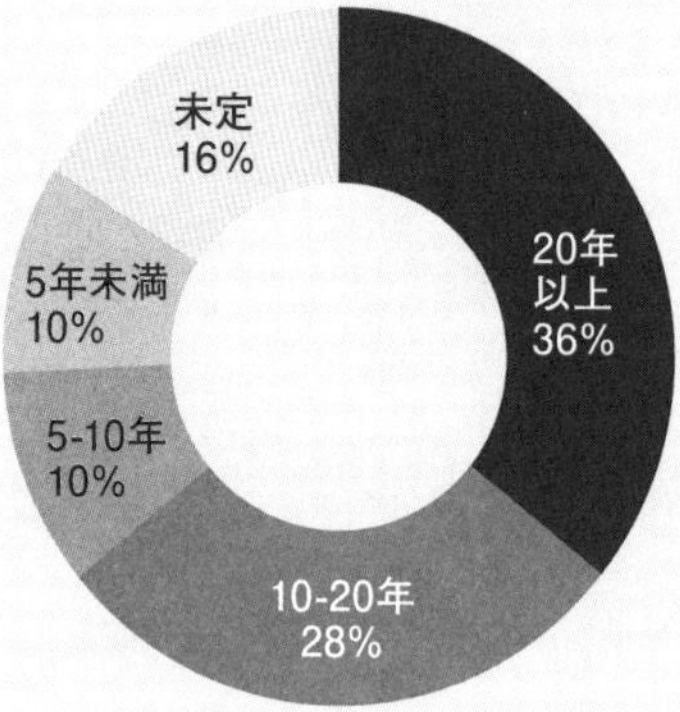


最後に、よくいただく意見として、「ロボアドバイザーは手数料が高い」というものがあります。ウェルスナビの場合、通常の口座および従来のＮＩＳＡ口座の場合は、手数料はシンプルに、預かり資産の１％としていました。特定の指数に連動するインデックス型の投資信託の手数料はだんだん下がっていて、０・１〜０・２％ぐらいの商品も増えています。そのような低コストの投資信託と手数料だけを単純に比較すると、確かに高いという印象になります。

日本よりも先にロボアドバイザーのサービスが広がったアメリカでは、徐々に手数料

＊13　２０２３年７月に実施したウェルスナビの利用者へのアンケートでの質問「「ＷｅａｌｔｈＮａｖｉ」をどのくらいの期間続けていただく予定でしょうか。」に対する回答

が下がっていきました。日本でも、新しいＮＩＳＡの開始を機に、ロボアドバイザーの手数料は下がっていくことになるかもしれません。ウェルスナビでは、新しいＮＩＳＡ口座の手数料を引き下げました。積立だけで投資する場合、年率０・６３〜０・６７％程度の手数料となる見込みです。[*14]

ウェルスナビが組み合わせているような、さまざまな資産の投資信託を自分で購入しようとすると、取引にさまざまなコストがかかります。手数料だけではなく、リバランスも自分で行おうとすれば、時間や労力もかかります。

多くの人が王道の資産運用に取り組むうえで、ロボアドバイザーのようなサービスに運用をまかせることは、潜在的なニーズが大きいと考えています。そのようなニーズがより広く浸透して、ロボアドバイザーが預かる資産の規模が大きくなると、一つひとつの取引にかかるコストが効率化され、手数料はさらに下がっていくでしょう。

＊14　本書執筆時点で公表している数値であり、今後、変更される可能性があります。

# 第8章

# お金の悩みから解放されることで、充実した人生を

## 第8章のポイント

### 難易度1 ★☆☆

- 資産運用を行うことの目的は、お金を貯める・増やすことそのものにあるのではありません。余裕のある老後の生活や、自分のやりたいことを実現するために、お金を用意しておくことが大切なのです。本書の締めくくりとして、お金や投資の価値について、改めて考えてみたいと思います。

## 長い時間をかけると、複利効果が得られる

長期投資では、**使うタイミングが来るまでは、途中で資金を引き出さない**ことをおすすめしています。主な理由は、「複利」の効果が期待できるからです。複利効果とは何か、例をもとに説明しましょう。

たとえば、100万円を投資して、年5％で資産が増えていった場合、10年後にはどれだけ資産が増えるでしょうか。直感的には、毎年5万円×10年で50万円増えるように思えます。[*1]

しかし、実際には、10年で62万円増えます。[*2] これは、**長期投資を続けると、資産が増えるペース自体が上がっていくからです。これを複利効果と呼びます。**

---

＊1　現実には、資産が増えるペースは毎年異なり、資産が5％以上増える年もあれば、あまり増えない年、資産がむしろ減ってしまう年もあるはずです。ここでは、複利のイメージをつかんでいただきやすいよう単純化して、年5％で資産が増えていくと仮定します。

＊2　1・05^10－1％＝0・62と計算します。

長期で続けることにより、複利の効果を得ることができる

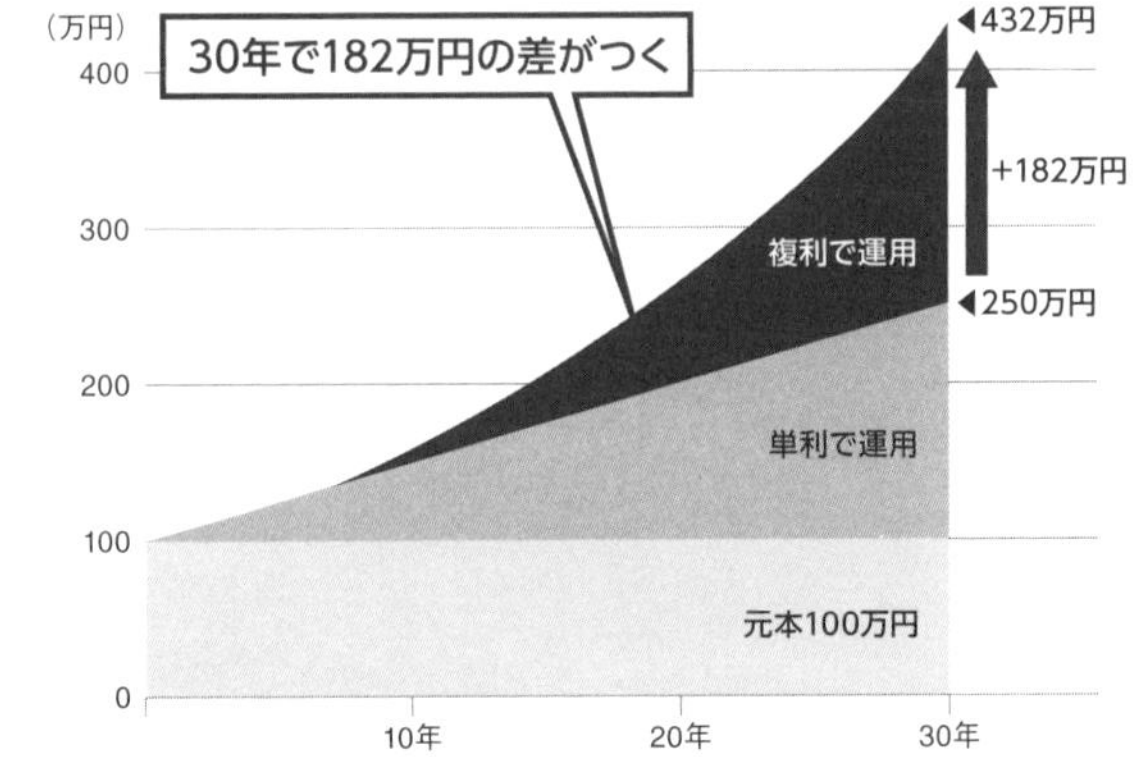


（注） 複利効果のイメージ図
（注） 毎年5%のリターンが確実に得られるという前提で、100万円を30年間運用した場合の例。
「単利で運用」は1年ごとに得られた利益を現金化、「複利で運用」は利益を翌年の運用の元手に加えたとして試算。

これは、投資をして得た利益が再び投資にまわることで、資産が増えるペースが上がっていくためです。

では、資産が同じように増えていった場合、20年後にはいくらになっているでしょうか。20年後には、100万円の元本が165万円増えて、265万円になります。

さらに、30年後には、100万円の元本が332万円増えて、432万円になります。そして、本来であれば、332万円の利益に約20%（約66万円）の税金がかかるところが、NISAであれば税金がゼロになります。

## 新しいNISAによって非課税期間がな

**くなった（無限になった）結果、NISAの節税効果は、長期投資を続けるほど、より大きくなります。**新しいNISAは長期投資に優しい制度となっています。

ここまでは複利効果のメリットを説明してきましたが、これは、リターンがプラスになることが前提です。実際には、毎年同じペースで資産が増えていくわけではありませんので、あくまでシミュレーションである点に注意が必要です。リターンがマイナスの場合には節税効果は得られないばかりか、元本割れを起こして損をしてしまいます。

ただ、本書で説明してきたように、長期投資を続けていくことで、リターンは安定し、損をする可能性を減らすことが期待できます。

## 一生使えるNISAは若いうちに始めたほうが得、一方で自分への投資も重要

新しいNISAは、いつでも、好きなときに始められる制度です。**長期投資、複利効果のメリットを考えると、できるだけ早く、少額からでも始めたほうが得**だと言えます。

本書で説明してきたように、新しいＮＩＳＡでは、年間の非課税枠を無理に埋める必要はありません。たとえば、1年に1万円だけ投資して、年間の非課税枠を３５９万円分残したとします。

この場合、使わなかった３５９万円が、生涯の枠である１８００万円から引かれてしまうわけではありません。翌年以降も自由に使えますので、そのときの状況に応じて無理のない金額で、コツコツと続けていくことができます。

そのうえで、収入にあまり余裕がなかったり、他にお金を使いたいことがあったりして、ＮＩＳＡを始めるかどうか、迷っている人もいると思います。

私が、**「長期・積立・分散」の資産運用と同じか、それ以上に重要だと思っているのは、自分自身に投資すること**です。

私自身は、大学4年生の時に財務省に内定した直後から、教育ローンを借りて、3年ほど英会話学校に通いました。通い始めたときは、まだ海外に行ったことがありませんでした。ただ、その頃から漠然と、「国際的な仕事がしたい」という思いを持っていました。

そこで、海外の大学院に留学し、海外でも仕事ができるようになるために、英会話を学ぼうと決めました。語学学校に通い始めると、英語が徐々に上達していきました。上達するにつれ、もっと学びたいという気持ちになり、合計で200万円ほどの教育ローンを借りることになりました。このため、大学を卒業して就職した直後から、教育ローンを返済する日々が始まったのですが、結果としては自己投資は正解でした。

2年後には、アメリカの大学院に留学し、留学直後には国際的な仕事に携わることができたからです。さらにその後、イギリスの財務省で仕事をする機会も得ました。借金をしてでも英語を学んだことは、公務員としてのキャリアに大いに役立ったと思っています。

その後、9年ほど勤めた財務省を退職することにしました。財務省での仕事はとてもやりがいがありました。しかし、イギリスで働いている時に国際結婚したこともあって家庭生活との両立がどうしても難しくなり、退職の決断をしたのです。退職後はまず、ビジネスを一から学ぶために、フランスのビジネススクールに1年留学しました。

留学中は毎日、朝から晩まで寝る間を惜しんで勉強しました。大学を卒業後、公務員としての経験しかなかったため、ビジネススクールでは、ビジネスの基礎を幅広く、しっかり学びたいと思ったからです。**すぐに役立つ実践的な知識ではなく、長期的に自分の土台となる基礎的な知識や思考法を深められたことは、とてもよかったと実感しています。**

大きな出費にはなりましたし、卒業後は、半年近く仕事が見つからなかったため、経済的に困窮しました。しかし、ビジネススクールで学んだことは、その後のマッキンゼーでの仕事や、ウェルスナビの起業につながっていきました。

学校に通う、資格を取るための勉強をする、世界を旅して多様な価値観を持つ人と触れ合うなど、自分への投資にはさまざまな方法があります。自分のやりたいことを実現し、経験を積むことで、その後の人生はより充実したものになるのではないでしょうか。

**まずは長期視点で、自分への投資に取り組むことをおすすめします。そのうえで、余裕資金があれば、できるだけ早い時期から「長期・積立・分散」の資産運用にも取り組んでみてはいかがでしょうか。**

## ある程度のお金があれば、選択肢が広がる

財務省を退職した後、フランスのビジネススクールに1年間通うためのお金は、かなりの額がかかりました。

それでもビジネススクールに通うお金が捻出できたのは、「働けなくなっても2年間は暮らしていけるお金を貯めよう」と決めて、倹約生活を続けていたからです。妻と、「外食は月に1回」などのルールを決めていました。

もともと節約志向で、車もテレビも持たない生活だったので、支出を抑えることはできました。倹約生活を続けて、当時の年収の2年分ぐらいのお金を貯めました。

この**「2年分」のお金があったからこそ、仕事を辞めた後、海外のビジネススクールに通うという選択ができました**（実際には、ビジネススクールの学費が高かったため、2年分だと

思っていたお金は1年でほぼ使い切ってしまったのですが）。少なくとも当面の生活の心配はしなくてもよいと思えたことで、目の前のやりたいこと、やるべきことに打ち込めました。

また、退職する前の1年間、とりわけ最後の半年間は、公務員として残された一日一日を惜しむような気持ちで仕事に真剣に打ち込んだことをよく覚えています。当時、担当していた政策の中には、数年後にＮＩＳＡ制度として実現する「日本版ＩＳＡ」、二酸化炭素の排出量を減らすための炭素税、消費税の軽減税率など、もしも実現すれば社会的な影響が大きい制度が多くありました。尊敬する上司とチームのおかげで、退職するギリギリの瞬間まで、やりがいのある仕事に打ち込めたことは、本当に恵まれていたと思います。

しかし、もしも当時、十分な蓄えがなかったとしたら、退職前から次の仕事探しをしなければならなかったはずです。ましてや、ビジネスの基礎を一から学ぶために海外の大学院に行くという選択はしなかったと思います。その場合、いまとはまったく異なるキャリアを歩んでいたでしょう。「働く世代のための金融インフラを作る」という目標に向けて起業することもなかったかもしれません。

**自分がやりたいことを実現する、あるいは、そもそも本当にやりたいことが何なのかを見つけるためにも、日々の生活費を削ってでも、資産の余裕を作ったほうがよいと痛感しています。**

## お金の悩みから解放された後に、何をするか

豊かな人生のために、資産運用を行って資産を増やすことは大切です。そのうえで、最後にお伝えしたいことは、**「お金は、充実した人生の必要条件であっても、十分条件ではない」**ということです。

お金は、人生を豊かにするための一つの手段に過ぎず、目的ではありません。人生の自由な選択肢を増やすために、お金の余裕はあったほうが望ましいと思います。一方で、お金はたくさんあればあるほど、幸せになれるのでしょうか。私は自分自身の経験から、そうは思いません。

マッキンゼーのニューヨーク・オフィスで働いていた頃、私の生活水準は大きく上がりました。出張の際、飛行機の座席はファーストクラスが当たり前で、宿泊するホテルではスイートルームが用意されていることもありました。

当時、週の大半は出張していました。ファーストクラスやスイートルームは、マッキンゼーの出張費用で使えたわけではありません。年間の利用回数が多いので、航空会社やホテルが無料でアップグレードしてくれていたのです。あるグローバルなホテルチェーンでは、専任のコンシェルジュがついてくれるほどの待遇を受けました。

初めのうちは、自分が特別待遇を受けることが新鮮で、舞い上がりました。しかし、次第に、不安が募るようになっていきました。もともと、私が財務省を辞めたのは、家族との時間を大切にするためでした。それなのに、広いスイートルームに一人で泊まって仕事をしていました。私が求めていた幸せの形とは違うのではないかと考え始め、徐々に目が覚めていったのです。

**不安になったもう一つの大きな理由は、ファーストクラスもスイートルームも、自分の**

**お金で得たものではなかったこと**です。仕事柄、出張が多く、そしてマッキンゼーのメンバーだから得られた待遇でした。

このまま、自分の収入よりも高い水準の生活に慣れてしまったら、金銭感覚が大きく変わってしまうのではないか。自分の心がお金に支配されてしまうのではないか。そのように感じた私は、出張の際にスイートルームへのアップグレードを断るようになりました。

収入は、社会に対して提供している価値の見返りとして、得られるものです。**無理をして、生活水準を収入よりも上げてしまうと、いずれゆがみが生じてしまう**のではないでしょうか。実際に、一度上げた生活水準を維持するために、無理して働いたり、本来はやりたくない仕事を続けたりしている人を見てきました。

ニューヨーク時代、私の妻は、「私を一体誰だと思っているんだ」（“Who do you think I am?”）と私が言い出すのではないかと、ハラハラしながら見守っていたそうです。

若い頃から資産運用を続けて、多くの資産を築いたアメリカ人の義理の両親は、きわめて質素な生活スタイルを変えていません。暮らしぶりがあまりに普通なので、プライベートバンクの運用報告書を見せてもらうまで、多くの資産を持っていることに気づかなかったほどです。

義理の両親は老後の資産を早く築いたことで、定年よりも早くリタイアしました。趣味を楽しみながら質素な生活を続けています。そして、夫婦で、たとえば、ハリケーンの被災地の復興に何度も出かけていました。住んでいるシカゴから、被災地のアメリカ南部までは距離があるため、出かけるたびに相応の飛行機代や宿泊費がかかります。自分たちがお金を使いたいと思ったときに、そうした大きな出費ができるのも、質素な生活を続けているからかもしれません。

**人生において重要なのは、自分が本当にやりたいこと、時間を使いたいことのために、お金の余裕を持つこと**です。「新しい仕事に挑戦したい」、「思い切って趣味に打ち込みたい」と思ったときに、お金の不安がないほうが、行動に移しやすいのではないでしょうか。

序章で取り上げた「老後2000万円問題」で議論した様々な論点も、つまるところ、人生における選択肢を増やすことができるか、という一点に集約されます。

リタイア後の人生で、自分の趣味や娯楽のために時間とお金を十分に使うという選択肢を得られるかが大切です。また、年を取った後に、働かないといけないから働くのか、それとも働く必要はないが、世の中とのつながりや健康のためにあえて働くことを選ぶのか、その選択肢と自由を得られるかが大切です。

ＮＩＳＡを活用して、正しい方法で資産運用に取り組むことは、資産を築くための有効な手段です。一人でも多くの人が、お金の悩みから解放されて、本当にやりたいことに時間とエネルギーを使えることを、そして、本書がそのために少しでも役に立つことを、心から願っています。

# おわりに

財務省で、日本版ＩＳＡ、つまり現在のＮＩＳＡの企画に携わっていた頃、まさか10年後にＮＩＳＡを自動で利用できる「おまかせＮＩＳＡ」を企画することになるとは夢にも思っていませんでした。

留学先のビジネススクールで金融や資産運用の理論を学び、ニューヨークで10兆円規模の資産運用をサポートし、日米の家族で10倍もの金融格差に直面し、起業する…。

こうした数々の偶然が重なった結果、点と点がつながって線となり、それが紡がれて、本書『新しいＮＩＳＡ投資の思考法』が生まれました。

本書を執筆するにあたって、一つ、気をつけたことがあります。それは、このように個人的な思い入れのあるＮＩＳＡがテーマではあるものの、「はじめにＮＩＳＡありき」の解説書にはしない、ということです。

むしろＮＩＳＡはいったん脇に置いておいて、まず、私たちが資産運用をするべき理由を説明しました。次に、資産運用のあるべき姿や、実践にあたっての注意点を解説しました。そして最後に、あるべき資産運用のために新しいＮＩＳＡをどのように利用するべきかを説明しました。

その理由は、**資産運用の主役はあくまでもそれを行う私たち一人ひとりであり、ＮＩＳＡ制度が主役ではない**からです。たとえば、**ＮＩＳＡ制度があってもなくても、私たちが資産運用をすべき理由は変わりません。**あるべき資産運用の姿も変わりません。ＮＩＳＡ制度は、あるべき資産運用の実践を後押ししてくれるツールに過ぎないのです。

さらに言えば、資産運用もあくまでも手段であり、目的ではありません。**資産運用の目的は、自由を得ること**です。

私自身も、将来の留学のために、子育てのために、事業を興すために、いつもお金を必要としてきました。一人前に働けるようになったのも、両親がバブル崩壊後、住宅ローンの重い負担に苦しみながらも一生懸命に働き、家族の生活や教育のためにお金を得たおかげです。

「衣食足りて礼節を知る」という言葉があります。経済的なゆとりは、精神的なゆとりにもつながります。互いの価値観を重んじる、自由な社会の発展のためには、社会全体における経済的な豊かさ、特に社会を支えるミドルクラスの厚みが欠かせません。

ですから、海外の富裕層の間では当たり前の資産運用を民主化し、誰でも安心して利用できるような社会インフラとしての資産運用サービスが、現在の日本社会で痛切に求められています。

社会インフラというものは、築くのは大変ですが、一度築くと世代を超えて受け継がれていきます。たとえば、１９６４年の東京オリンピックの時に開業した新幹線は、重要な社会インフラとして、世代を超えて受け継がれてきました。

古くは水道や電気、最近では携帯電話やインターネットも重要な社会インフラです。そして、今の若い世代の方々は、携帯電話やインターネットがない生活がつい最近まで当たり前だったことを、想像することも難しいのではないでしょうか。

誰でも安心して利用できる社会インフラとしての資産運用も同じです。本書で紹介した資産運用の考え方も、日本で普及した後、次の世代へと受け継がれていくことでしょう。

そうすればきっと、私たちの子供や孫の世代は、かつて日本で「長期・積立・分散」の資産運用が当たり前でなかった時代があったことを、個人が保有する金融資産の半分以上が預金という時代があったことを、想像することもできないことでしょう。

本書が、読者の皆様のお役に立ち、より自由で豊かな社会の実現に向けた一助となれば、望外の喜びです。

# 謝辞

筆をおくにあたり、ウェルスナビの資産運用セミナーで延べ1000件を超える質問を寄せてくださった、参加者の皆さまに御礼を申し上げます。

私自身が講師を務めるセミナーの開催は100回を超え、その中で実にさまざまな角度からご質問をいただきました。それは、その時々に私たち一人ひとりが抱えている、資産運用についての不安や悩みを写し出す鏡となっています。

たとえば、2020年のコロナ・ショックの際には長期投資を続けることの是非について、2022年に米国でのインフレによって為替相場が乱高下を繰り返した際には為替リスクについて、質問が集中しました。また、2023年に入ってからは、新しいNISA制度について、たくさんのご質問をいただいています。

このように特定のテーマについてたくさんご質問をいただくときには、その背後で何万人もの方々が同じような疑問や悩みを抱えていると考え、入念に説明を準備しています。

しかし、本書でも繰り返し説明した通り、私たち人間の脳は資産運用に向いておらず、直感に頼るとうまくいきません。このため、どのように説明すれば、直感に反する内容が理解しやすくなるか、試行錯誤を重ねてきました。また、参加者の皆様のアンケートに必ず目を通し、「次回はどうしたらもっとわかりやすく説明できるだろうか」と、毎回、少しずつ改善を重ねてきました。

その意味において、本書は、セミナー参加者の皆さまとのやり取りで磨かれる形で誕生したと言えます。

本書の構成や表現については、ウェルスナビ株式会社の堀内駿さんの手助けをいただきました。本書は、投資経験が豊富な方はもちろん、投資の初心者や経験がない方にとっても役に立つことを目指しています。このため、なるべく簡潔でわかりやすい表現を心がける一方で、わかりやすさを重視するあまり正確さが犠牲となることがないよう、そのバランスに苦慮しました。このため、堀内さんには、多大なご苦労をおかけすることになってしまいました。

また、本書でご紹介したデータの収集と分析、その正確性の検証については、同じくウェルスナビ株式会社の牛山史朗さん、牛島祐亮さん、土橋正也さん、佐藤由香里さんのサポートをいただき、メッセージの伝え方については、佐々木亮介さん、小松原和仁さん、山川力也さん、池上喜康さん、前野裕香さんと議論を重ねました。鈴木陽子さんには、上場企業の経営の傍らでその時間を捻出するために、パズルを解くかのような日程調整を担っていただきました。

さらに、ウェルスナビでお客様のデータを分析する際には、個人が特定できないよう、毎日、自動的にデータを匿名化しています。そのシステムの開発と運用を担当しているチームも含め、社内の関係者の皆さんに厚く御礼を申し上げます。もちろん、もしも本書に正確性を欠くところがあるとすれば、それは私一人の責に帰するものです。

NISAを活用した資産運用をテーマとする本書の執筆に先立ち、つみたてNISA制度の創設で主導的な役割を果たした元金融庁長官の森信親さんや、同じく一般NISA制度の創設で重要な役割を果たした元国税庁長官の加藤治彦さんより、NISA制度の目的やそれに込めた想い、NISA制度が抱える課題について、何度もお話を伺う機会を頂戴しました。お二人以外にも多くの方々よりＮＩＳＡ制度についてお話を伺いましたが、官公職や上場企業の経営に従事されている方も多く、この場でお名前を記すのは差し控えます。貴重なお話を伺う機会をいただき、ありがとうございました。もちろん、本書におけるＮＩＳＡ制度についての意見や考えは、すべて私自身の見解です。

ダイヤモンド社の石田尾孟さん、田中怜子さんには本書の企画や編集、校正にご尽力をいただきました。私の段取りが悪く、出版予定日の直前になってからも、構成を含め、膨大な量の変更を加えることになってしまいましたが、丁寧かつ迅速にご対応いただきました。また、前著『これからの投資の思考法』の編集を担当してくださった柴田むつみさんには、本書の企画にあたって多大なサポートをいただきました。本当にありがとうございました。

前著で私が「同じ家族の中で、日米で10倍の金融格差」を公に記してしまったことに対して、私の両親からは何らの苦言もなく、むしろ出版をありのままに祝福してくれました。そのポジティブな経験が、本書『新しいＮＩＳＡ投資の思考法』を執筆するにあたって、私の気持ちを後押ししてくれました。

最後に本書を、妻のアンドレア、そしてアンドレアと私の双方の両親に捧げます。それぞれが家族のために捧げてくれた時間と愛情に感謝を込めて。

２０２３年10月

柴山和久

[著者]

**柴山和久**（しばやま・かずひさ）

ウェルスナビ代表取締役CEO。

「誰もが安心して手軽に利用できる次世代の金融インフラを築きたい」という想いから、プログラミングを一から学び、2015年4月にウェルスナビ株式会社を設立。2016年7月に自動でおまかせの資産運用サービス「WealthNavi（ウェルスナビ）」をリリース。リリースから約7年3カ月となる2023年11月に預かり資産9,500億円を突破した。

起業前には、日英の財務省で合計9年間、予算、税制、金融、国際交渉に参画。その後マッキンゼー・アンド・カンパニーに勤務し、10兆円規模の機関投資家をサポート。

東京大学法学部、ハーバード・ロースクール、INSEAD卒業。ニューヨーク州弁護士。

Forbes JAPAN「日本の起業家ランキング2021」でTop3に選出。

著書に『元財務官僚が5つの失敗をしてたどり着いた これからの投資の思考法』（ダイヤモンド社、2018年）。

**新しいNISA投資の思考法**
──お金の悩みから解放される　正しい「長期・積立・分散」のはじめ方

2023年12月5日　第1刷発行
2023年12月21日　第2刷発行

著　者──柴山和久
発行所──ダイヤモンド社
〒150-8409　東京都渋谷区神宮前6-12-17
https://www.diamond.co.jp/
電話／03·5778·7233（編集）　03·5778·7240（販売）

ブックデザイン─小口翔平＋須貝美咲＋青山風音（tobufune）
DTP───ニッタプリントサービス
校正────聚珍社
製作進行──ダイヤモンド・グラフィック社
印刷────堀内印刷所（本文）・新藤慶昌堂（カバー）
製本────ブックアート
編集担当──石田尾孟


ISBN 978-4-478-11826-9